仕事にすぐ使える日本語表現
にほんごひょうげん

工作中信手即用的日语表达
Những câu thành ngữ tiếng
Nhật có thể sử dụng được ngay tại nơi làm việc
Ready-to-use Japanese expressions at work

青山 豊／青山美佳＝著

二見書房

● はじめに

『仕事ですぐに使える日本語表現』には、日本で生活者として暮らす外国の人たちが、1日の生活の中で経験するいろいろな場面での会話がたくさん取り上げられています。

本書の特徴は、そういった朝起きてから夜寝るまでに必要な日本語表現を、単に覚えるための表現集として並べるのではなく、それぞれの表現が使われる具体的な場面と、その時にその表現を聞いて返事をしてくれる聞き手のことばとともに示しているという点です。

登場するのはベトナム人のグエンさんとそのホストファミリー。そしてグエンさんの通う日本語学校や働いているアルバイト先の人たちやホストファーザーが働いている会社の人たちです。彼らが日常生活のいろいろな場面で、自分のことを相手に伝えたり、自分がしてほしいことを相手に頼んだりしている姿が場面別に描かれています。

もちろん読者のみなさんは「ベトナム人のグエンさん」ではありませんし、日本人家庭でホームステイをしているわけでもないでしょう。しかし、日本で働いたり学んだりする外国人は、「これと似た」経験を必ずするはずです。

みなさんが日本の生活の中で経験するいろいろな日本語の使用場面を、本書を利用して「予習」したり「復習」したりしてください。きっと、いまよりもっと楽しく日本で暮らしていけるはずです。

本書で日本語を学びながら、安全で有意義な日本語生活を続けられるように強く願っています。

2019年6月

青山 豊・青山 美佳

● 序言

《工作中信手即用的日语表达》中汇集了在日本生活的外国人在一天的生活中经历的各种场合中的会话。

本书的特点是，并非作为简单背诵的表达集锦罗列出从早起到就寝所需的日语表达，而是展现出使用各种表达的具体场景和当时听到这种表达而给出回答的听者的话语。

书中出现的人物是越南人小阮和他的寄宿家庭。还有小阮就读的日语学校、打工单位的同事以及寄宿家庭的爸爸工作单位的同事。按照场景描绘了他们在日常生活的各种场景中如何向对方表述自己的事情、如何请求对方帮助自己做需要的事情。

当然，读者既非"越南人小阮"，也并非在日本家庭寄宿。但是在日本工作、学习的外国人应该都有"类似"的经历。

请使用本书"预习"、"复习"大家在日本生活中体验的各种日语使用场景。相信您一定能比现在更加快乐地在日本生活。

由衷希望通过本书的学习，让您的日本生活安全而有意义。

2019年6月

青山 丰・青山 美佳

● Lời mở đầu

Cuốn sách "Những câu thành ngữ tiếng Nhật có thể sử dụng được ngay tại nơi làm việc", chúng tôi đưa ra rất nhiều hội thoại với nhiều tình huống mà người nước ngoài sinh sống tại Nhật Bản sẽ trải qua trong cuộc sống hàng ngày.

Đặc điểm của cuốn sách này không chỉ liệt kê các câu thành ngữ trong cuộc sống hàng ngày từ sáng thức dậy cho đến tối đi ngủ như một tuyển tập để học thuộc, mà còn đưa ra cách sử dụng trong từng tình huống cụ thể, thêm vào đó là cách trả lời của người nghe sau khi nghe trong trường hợp đó.

Nhân vật xuất hiện trong cuộc hội thoại là anh Nguyễn đến từ Việt Nam và hostfamily (gia đình bản địa) của anh ấy. Tiếp theo đó là những nhân vật ở trường tiếng Nhật mà anh Nguyễn theo học và nơi anh Nguyễn đang làm bán thời gian, cùng với những nhân vật trong công ty nơi ông chủ nhà đang làm việc. Các nhân vật này được dựng lên với nhiều tình huống và hoàn cảnh khác nhau trong cuộc sống hàng ngày như là khi muốn truyền đạt cho đối phương về bản thân mình hoặc khi muốn nhờ và điều gì đó.

Dĩ nhiên, không phải tất cả đọc giả đều là "anh Nguyễn - người Việt Nam", và lại cũng không phải mọi người đều ở homestay trong gia đình người Nhật. Tuy nhiên, với những người nước ngoài làm việc và học tập tại Nhật Bản thì chắc chắn sẽ có những trải nghiệm "giống như thế này".

Các bạn hãy sử dụng cuốn sách này để "Chuẩn bị" và "Ôn luyện" thật nhiều tình huống sử dụng tiếng Nhật mà bạn trải qua trong cuộc sống tại Nhật. Chắc chắn bạn sẽ có cuộc sống tại Nhật vui vẻ hơn bây giờ.

Chúng tôi hy vọng rằng với cuốn sách này, các bạn sẽ có thể vừa học tiếng Nhật vừa tiếp tục cuộc sống với tiếng Nhật an toàn và đầy ý nghĩa.

Tháng 6 năm 2019

AOYAMA YUTAKA / AOYAMA MIKA

● Foreword

In this book, we cover a variety of everyday conversational situations that you are likely to experience as a foreigner living in Japan.

What distinguishes this book is that it is not just a list of essential phrases you need from getting up in the morning until going to bed at night that you need to memorize; the book presents such phrases in practical situations along with the responses you are likely to hear in conversation.

The characters that appear in the book are Nguyen, a homestay student from Vietnam, and his homestay family; his fellow students at the Japanese college he attends and his coworkers at the place where he works part-time; and the people at the company where his host father works. In various everyday situations, the characters are portrayed expressing themselves, making requests of others, and so on, situation by situation.

Of course, you, the reader, aren't Nguyen, and you're probably not a homestay student living with a Japanese family. But foreigners living and working in Japan will no doubt encounter situations similar to the ones in this book.

Please use this book to prepare for situations you will encounter, as well as to review situations you have experienced in your daily life in Japan. You will certainly enjoy living in Japan more.

We sincerely hope that studying this book will help you stay safe and to live a fulfilling life in Japan.

June 2019

AOYAMA YUTAKA / AOYAMA MIKA

Contents
目次

はじめに ……………………… 002
本書(ほんしょ)の構成(こうせい)と使(つか)い方(かた) ……………………… 010

Part 1 あいさつ

シーン①　ホームステイ初日(しょにち)　　　012

1 家(いえ)に着(つ)いて家族(かぞく)にあいさつする
》》 練習問題(れんしゅうもんだい)

シーン②　家(いえ)の中(なか)の案内(あんない)　　　016

1 個室(こしつ)を案内
2 バスルームを案内する
3 台所(だいどころ)とリビングを案内する
》》 練習問題

シーン③　家(いえ)のルールと手伝(てつだ)い　　　021

1 ゴミ出(だ)し
2 お皿洗(さらあら)い
》》 練習問題

シーン④　ホームステイ2日目(ふつかめ)の朝(あさ)　　　025

1 家族との会話(かいわ)
2 行(い)ってきます
3 駅(えき)までの道(みち)で
》》 練習問題

文法コラム1　動詞(どうし)の形(けい)はひとつじゃない　　　030

Part 2　町の中へ

シーン① 日本で暮らす準備 ── 市役所で　032
1 在留カードを持って住民登録に行く
2 市役所の受付で
》》練習問題

シーン② 日本で暮らす準備 ── 郵便局で　037
1 郵便局で口座をつくる
2 郵便局で
3 通帳とカードを受け取る
》》練習問題

シーン③ 日本で暮らす準備 ── 定期券を買う　042
1 窓口で
》》練習問題

Part 3　電車事故

シーン① 電車が事故で遅れてたいへん！　046
1 電車が事故で遅延
2 学校の事務に遅れるかもしれないと連絡する
》》練習問題

シーン② 電車が動き出した　051
1 運転再開
2 乗り換え
》》練習問題

文法コラム 2 最後は「……。」の文　　055

Part 4　学校

シーン①　学校に着いて　　056
1 教室に入って
》 練習問題

シーン②　授業中　　060
1 教室は間違うところ
》 練習問題

シーン③　先生にお願いする　　065
1 志望理由書をチェックしてもらう
》 練習問題

Part 5　会社

シーン①　会社に着いて同僚と話す　　070
1 会社に着いたあと、同僚と雑談する
2 上司に呼ばれて仕事について聞かれたり答えたりする
》 練習問題

シーン②　会議　　075
1 プロジェクトの報告
》 練習問題

Part 6　食事に行く

シーン① 学食で食べる　080
1 友だちをランチに誘う
2 学食で注文する
》》練習問題

シーン② 外に食べに行く —— 注文　085
1 外に食事に行く
2 店に入って注文する
》》練習問題

シーン③ 外に食べに行く —— 食事中　090
1 食事が運ばれてきて
2 デザートと飲み物
》》練習問題

シーン④ 外に食べに行く —— 料金を払う　095
1 会計をお願いする
》》練習問題

文法コラム3 気持ちが表れる短い表現　099

Part 7　アルバイト

シーン① アルバイトを始める　100
1 アルバイトに応募する
2 電話でアルバイトの面接予約

3 アルバイトの面接
4 アルバイト初日
》》 練習問題

シーン② アルバイトのレジで　　　107

1 公共料金を支払うお客さんへの対応
2 お弁当を買った人への対応
3 宅配便を送る人への対応
4 アルバイトを終える、シフトの交代をお願いされる
》》 練習問題

Part 8　プライベートライフ

シーン① 美容院で　　　114

1 美容院に予約の電話をする
2 美容院で美容師さんと話す
》》 練習問題

シーン② 買い物に行く　　　120

1 靴を買う
》》 練習問題

シーン③ 飲み会に行く　　　125

1 居酒屋へ
2 お店に入って飲み物を注文する
3 食べ物を注文する
4 割り勘をする
》》 練習問題

Part 9　病院に行く

シーン①　具合が悪くなった！　132

1　インフルエンザかもしれない
2　病院に行く
3　医者と話す
》 練習問題

シーン②　処方箋を持って薬局に行く　138

1　処方箋を持って薬局に行く
2　アルバイト先に連絡する
》 練習問題

解答編　144

column

「わたし」「わたくし」「おれ」「ぼく」？ ……………………………………… 013
日本の部屋の広さを表す単位「畳」……………………………………………… 018
道で会ったときどんな話をしたらよい？ ……………………………………… 027
車内アナウンスの短縮語 ………………………………………………………… 048
駅の構内や建物内の道案内によく使われることば ……………………………… 052
トイレに行きたいときの「許可求め」のグラデーション ……………………… 067
会議で使うことばはオトナ語？ ………………………………………………… 077
食べてはいけないものかどうかを確認する …………………………………… 082
食べ物のおいしさを表現する言い方 …………………………………………… 086
和のデザート ……………………………………………………………………… 092
コンビニで買えるものの名前 …………………………………………………… 102
「いいです」の2つの意味 ……………………………………………………… 113
美容院でおぼえておくと便利な表現 …………………………………………… 117
飲み会のときは瓶ビール？　生ビール？ ……………………………………… 128
洋服の模様の言い方 ……………………………………………………………… 130
その歯、抜きますか？　抜きませんか？ ……………………………………… 137

How to Use This Book
本書の構成と使い方

●本書の特徴と使い方

・朝起きてから夜寝るまでの必要な日本語表現を9章に分けて紹介しています。
・自然な日本語表現をくり返し学習することによって、会話力を高められます。
・似たようなシーンを経験することもあるはずなので、そのときに役立てられます。

●各章の構成と使い方

・ここでは「Part 1 あいさつ」を例に本書の構成について説明します。

●目標
この課でどんなことが学べるかが「目標」としてあげられています。自分の「したいこと」をここで見つけることができます。

●登場人物
この会話に登場する人たちの名前と立場、肩書きなどが書かれています。

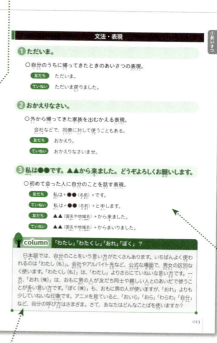

●会話シーン
1つの課のなかの会話がいくつかの「場面」に分かれていることがあります。下線の会話部分は、「文法・表現」で詳しく説明されます。

●Column
この会話のなかに出てきたテーマや文化的なことについての役に立つ知識などを紹介します。

● 練習問題

「文法・表現」で学んだことを練習問題で身につけてください。問題は3つのタイプに分かれています。
① 課の会話文とよく似た場面での会話文の（　　）にことばを入れる問題です。
② JLPTにも出題されることばを正しい順番に並べて意味が通る文にする問題です。
③ ことばで指示されたことを「文法・表現」で学んだことを使って言ってみる問題です。解答例のとおりでなくてもいいですから自分の言いたいことを伝えるようになるためにチャレンジしてください。まわりにいる日本人に聞いてもらって直してもらうのもとてもいい学習方法です。

練習問題　EXERCISES　→解答 144ページ

1 ホームステイに来た人が、ホストファミリーの家に着きました。（　　）に入れるのにもっともよいものを下から選び、会話を完成させましょう。

よしお：さあ、着きましたよ。ここがうちです。中に入って。
トニー：はい　ありがとうございます。

　　（二人が家に入る）

よしお：ただいま。
全員：（　１　）
よしお：トニーさん、どうぞ入って。お母さん、（　２　）トニーさんだよ。
ともこ：お待ちしてましたよ。妻のともこです。（　３　）。
トニー：私はトニーです。ウェールズから（　４　）。よろしくお願いします。

　　a. 来ました　b. こちらが　c. どうぞよろしく　d. おかえりなさい

2 下線部が正しい文になるように、1〜4を並べましょう。

1）面接官：では、自己紹介をお願いします。
　　ホアン：はい。私の名前は＿＿＿＿＿＿＿＿＿＿。

　　1 まいりました　2 ホアン　3 と申します　4 インドネシアから

2）それでは、＿＿＿＿＿＿＿＿＿＿。

　　1 うちの　2 紹介　3 家族を　4 します

3 こんなとき、どう言いますか。（　　）の表現を使って文を作りましょう。

1）友だちのヴァンさんを友だちのゆりさんに紹介します。ヴァンさんとゆりさんは初めて会いました。(こちらが●●さんです)

2）自分の名前と出身国（地域・都市）を言ってください。(私は●●と申します。▲▲からまいりました)

大切なことば

日本語	中国語	ベトナム語	英語
うち／おうち	家	nhà	home
家族	家庭	gia đình	family
みんな／みなさん	大家	mọi người	everybody
よろしくお願いします	请多关照	Rất mong nhận được sự hỗ trợ của anh.	I would be grateful for your support.
よろしく	拜托了	Cảm ơn sự giúp đỡ của anh.	Thank you for your help.
素敵	棒极了	tuyệt vời	great/wonderful
ネコ	猫	con mèo	cat
大丈夫	没关系	không sao đâu	no problem

● 文法・表現

会話で出てきた大切な文法や表現をやさしい日本語で説明しています。同じ表現を使う例文があり、「友だち」に使うのにふさわしい表現と、目上の人や先生に使う「ていねい」な表現が分けられている場合もあります。

● 大切なことば

この課で出てきた大切なことばをまとめました。中国語、ベトナム語、英語の翻訳がついているので、しっかり意味の確認をしてください。

PART 1 あいさつ

目標 自己紹介をして、あいさつができる

・自己紹介の言い方をおぼえよう。
・基本的なあいさつをおぼえよう。
・ホストファミリーの家でくらすために必要な表現をおぼえよう。

会話　シーン❶　ホームステイ初日

登場人物　ホストマザー・田村もも（もも）、ホストファーザー・田村勝昭（勝昭）、ベトナムからの留学生・グエン（グエン）、ホストブラザー・田村ケン（ケン）、ホストシスター・田村ミキ（ミキ）、田村家のネコ・みゃあ（みゃあ）

1 家に着いて家族にあいさつする

もも（ホストマザー）：さあ、着きましたよ。ここがうちです。

グエン（留学生）：わあ、素敵なおうちですね。

もも：さあさあ、中に入って。家族を紹介しますね。みんな〜、グエンさんが着いたわよ〜。

（リビングにいっしょに入る）

もも：ただいま。①
全員：おかえりなさい。②
もも：グエンさん、どうぞ入って。はい、こちらがグエンさんです。
勝昭（ホストファーザー）：お待ちしてましたよ。私は田村勝昭です。よろしく。
グエン：私はグエンです。ベトナムから来ました。よろしくお願いします。③
ミキ（ホストシスター）：私はミキ。よろしくね。
ケン（ホストブラザー）：俺はケン。よろしく。
グエン：皆さん、よろしくお願いします。
みゃあ：ニャア〜。
もも：あ、この子は「みゃあ」。ネコは大丈夫？
グエン：はい、大丈夫です。みゃあさん、よろしくね。

文法・表現

❶ ただいま。

○ 自分のうちに帰ってきたときのあいさつの表現。

- **友だち**　ただいま。
- **ていねい**　ただいま戻りました。

❷ おかえりなさい。

○ 外から帰ってきた家族を出むかえる表現。
会社などで、同僚に対して使うこともある。

- **友だち**　おかえり。
- **ていねい**　おかえりなさいませ。

❸ 私は●●です。▲▲から来ました。どうぞよろしくお願いします。

○ 初めて会った人に自分のことを話す表現。

- **友だち**　私は+●●（名前）+です。
- **ていねい**　私／わたくしは+●●（名前）+と申します。
- **友だち**　▲▲（国名や地域名）+から来ました。
- **ていねい**　▲▲（国名や地域名）+からまいりました。

🌳 column　「わたし」「わたくし」「おれ」「ぼく」？

　日本語では、自分のことをいう言い方がたくさんあります。いちばんよく使われるのは「わたし（私）」。会社やアルバイト先など、公式な場面で、男女の区別なく使います。「わたくし（私）」は、「わたし」よりさらにていねいな言い方です。一方、「おれ（俺）」は、おもに男の人が友だち同士や親しい人とのあいだで使うことが多い言い方です。「ぼく（僕）」も、おもに男の人が使いますが、「おれ」よりも少していねいな印象です。アニメを見ていると、「おいら」「おら」「わらわ」「自分」など、自分の呼び方はさまざま。さて、あなたはどんなことばを使いますか？

練習問題 EXERCISES

➡解答 144 ページ

1 ホームステイに来た人が、ホストファミリーの家に着きました。（　）に入れるのにもっともよいものを下から選び、会話を完成させましょう。

よしお：さあ、着きましたよ。ここがうちです。中に入って。
トニー：はい、ありがとうございます。

（二人が家に入る）

よしお：ただいま。
全員：（　1　）。
よしお：トニーさん、どうぞ入って。お母さん、（　2　）トニーさんだよ。
ともこ：お待ちしてましたよ。妻のともこです。（　3　）。
トニー：私はトニーです。ウェールズから（　4　）。よろしくお願いします。

　　a. 来ました　b. こちらが　c. どうぞよろしく　d. おかえりなさい

2 下線部が正しい文になるように、1〜4を並べましょう。

1）面接官：では、自己紹介をお願いします。
　　ホアン：はい。私の名前は_____ _____。_____ _____。

　　1 まいりました　2 ホアン　3 と申します　4 インドネシアから

2）それでは、_____ _____ _____ _____。

　　1 うちの　2 紹介　3 家族を　4 します

① あいさつ

3 こんなとき、どう言いますか。(　　)の表現を使って文を作りましょう。

1）友だちのヴァンさんを友だちのゆりさんに紹介します。ヴァンさんとゆりさんは初めて会いました。(こちらが●●さんです)

2）自分の名前と出身国(地域・都市)を言ってください。(私は●●と申します。▲▲からまいりました)

大切なことば

日本語	中国語	ベトナム語	英語
うち／おうち	家	nhà	home
家族	家庭	gia đình	family
みんな／みなさん	大家	mọi người	everybody
よろしくお願いします	请多关照	Rất mong nhận được sự hỗ trợ của anh.	I would be grateful for your support.
よろしく	拜托了	Cảm ơn sự giúp đỡ của anh.	Thank you for your help.
素敵	精彩	tuyệt vời	great/wonderful
ネコ（猫）	猫	con mèo	cat
大丈夫	没关系	không sao đâu	no problem

会話　シーン❷　家の中の案内

登場人物：留学生（グエン）、ホストマザー（もも）、ホストブラザー（ケン）

1 個室を案内する

もも：はい、ここが、グエンさんの部屋ですよ。
グエン：わあ、すごい！　畳ですね。
もも：洋室のほうがいいかと思ったんだけど、せっかく日本に来たんだからと思って、和室を用意したの。
グエン：ありがとうございます。うれしいです。
ケン：寝るときは布団を使うことになるね。ベッドじゃないけれど大丈夫？　もし、不便なことがあったら言えよ。遠慮するなよ。
グエン：ありがとう、ケン。

2 バスルームを案内をする

もも：お風呂場と洗面所はここですよ。グエンさんはシャワーかしら？
グエン：はい、シャワーを使います。
もも：もし、湯船に浸かりたいときは、よく体を洗ってから入ってね。
グエン：わかりました。
ケン：もし、お湯がぬるいときは追い焚きもできるから、適当に使っていいよ。わからなかったら、俺に聞けば教えるよ。
グエン：ありがとう。わからなかったら聞きます。

もも：トイレはここですよ。腰掛けるタイプだから安心して。
グエン：よかった〜。ベトナムで日本語を習ったとき、教科書に日本式のトイレの写真がありました。その写真と同じだったら困るなあと思っていました。
ケン：いまは、腰掛けるタイプのほうが多いよ。日本式のトイレは、まだ学校や駅には残ってるけどね。

3 台所とリビングを案内する

もも：ここが、台所と居間。冷蔵庫やレンジは自由に使ってね。朝食は、うちはいつもパンを食べています。バターやジャムは冷蔵庫にあるものを使ってね。夕飯は基本的に私が家族の分を作るけど、もし、いらないときは前の日までに教えてね。

グエン：わかりました。

文法・表現

❶ ここが、グエンさんの部屋ですよ。

○「ここが、～です（よ）」は、人を案内しながら場所を教える表現。

「～」には、部屋や場所の名前が入る。

例 ●●の部屋、寝室、トイレ、リビング、キッチン、新宿駅、公園など

❷ ベッドじゃないけれど、大丈夫？

○慣れていないものを勧めるときの表現。

- 友だち　　～じゃないけれど、大丈夫？
　　　　　　～だけど、大丈夫？
- ていねい　～ではないですが、大丈夫ですか？
　　　　　　～ですが、大丈夫ですか？

例 パンじゃないけれど、大丈夫？／コーヒーだけど、大丈夫？／いつもの席ではないですが、大丈夫ですか？

❸ 俺に聞けば、教えるよ。

○自分のできることを相手に、伝える表現。

・俺（私／僕など）に～＋動詞のば形、…（よ）

「ば形」の部分には、「～てもらえれば」「～てくれれば」が使われることも多い。

例 私に言えば、手伝うよ。／私に言ってもらえれば、何でも教えるよ。／その本、僕にあずけてくれれば、田中さんに渡しておくよ。

❹ **冷蔵庫やレンジは自由に使ってね。／
もし、いらないときは前の日までに教えてね。**

○相手に、注意事項やアドバイスを伝えるとき、「〜て。」「〜ください。」で終わらせると、やや冷たい印象になることがある。それをやわらげるために「ね。」をつけることがある。

> **友だち**　〜（動詞て形）+ね。
>
> 例 歩きながらスマホを見ないで。→歩きながらスマホを見ないでね。
>
> **ていねい**　〜（動詞て形）ください+ね。
>
> 例 ここでは、静かにしてください。→ここでは、静かにしてくださいね。

column　日本の部屋の広さを表す単位「畳」

　日本の部屋の広さを表すときに、よく使われる単位が「畳」です。「畳」は「たたみ」のことで、読み方は「じょう」です。部屋の広さは、畳が何枚分なのかで表されます。たとえば、「6畳」は「畳6枚分の広さ」、4畳半は「4枚と半分」ということになります。畳を敷いていない洋室の広さも「畳」を使って表す場合が多いです。

　畳1枚の大きさは地域によって異なりますが、たては約170〜191cm、よこは約85cm〜95cmです。家やマンションなど、不動産の広告では、1畳の広さは1.62平方メートルで表しているものが多いそうですよ。

練習問題 EXERCISES

➡解答 144 ページ

①あいさつ

1 ホストマザーが家を案内しています。(　　)に入れるのにもっともよいものを下から選び、会話を完成させましょう。

もも：バスとトイレはここですよ。あなたの国と同じタイプだから(　1　)。

グエン：よかった。国で日本語を習ったとき、教科書で日本式のトイレの写真を見て(　2　)。

もも：夜遅くお風呂に入るときは大きな音がしないように(　3　)ね。

グエン：はい、(　4　)。

a. わかりました　　b. 心配していました　　c. 安心してください　　d. 気をつけて

2 下線部が正しい文になるように、1～4を並べましょう。

1) 課長：カインくん、これが今度の会議の資料だ。
　　カイン：ありがとうございます。会議の日までに読んでおきます。
　　課長：うん。自分で調べても意味が＿＿＿ ＿＿＿ ＿＿＿ ＿＿＿教えるよ。

　　1 むずかしい　　2 ことばが　　3 あれば　　4 わからない

2) (案内している日本人が外国の友人に)
　　トムさん、＿＿＿ ＿＿＿ ＿＿＿ ＿＿＿よ。

　　1 有名な　　2 雷門です　　3 ここが　　4 浅草で

3 こんなとき、どう言いますか。(　　)の表現を使って文を作りましょう。

1) ラーメン屋で。注文しようとしているラーメンには豚肉が入っているが、ベジタリアンの相手に確認する。(～けど、大丈夫？)

019

2）親しい人に「聞きたいことがあれば言ってください。教えますから」と伝えたい。(私に〜ば)

大切なことば

日本語	中国語	ベトナム語	英語
畳（たたみ）	榻榻米	chiếu tatam	tatami mat
洋室	西式房间	phòng kiểu Tây	western-style room
和室	日式房间	phòng kiểu Nhật	Japanese-style room
布団	被褥	chăn	futon
ベッド	床	giường	bed
不便な	不方便的	bất tiện	inconvenient
遠慮する	谢绝	ngại ngần	behave with discretion
お風呂場	浴室	phòng tắm	bathroom
洗面所	卫生间	nhà vệ sinh	lavatory
湯船	浴缸	bồn tắm	bathtub
浸かる	浸泡	ngâm	soak
追い焚き	循环加热	hâm nóng	reheating
ぬるい	不温不火	nguội	tepid
熱い	热	nóng	hot
俺	我	tôi	I /me
腰掛ける	坐下	ngồi xuống	take a seat
安心する	放心	yên tâm	have peace of mind
困る	为难	gặp khó khăn	be troubled
台所 / キッチン	厨房	nhà bếp	kitchen
居間 / リビング	起居室	phòng khách	living room
冷蔵庫	冰箱	tủ lạnh	refrigerator
レンジ	微波炉	lò vi sóng	microwave
パン	面包	bánh mì	bread
バター	牛油	bơ	butter
ジャム	果酱	mứt	jam

会話 シーン❸ 家のルールと手伝い

登場人物：留学生（グエン）、ホストマザー（もも）、ホストブラザー（ケン）

1 ゴミ出し

もも：グエンさん、家のお手伝いも、してほしいんだけど。
グエン：はい、もちろんです。何をしたらいいですか？
もも：まず、ゴミを出す係りを、お願いできるかしら？　ゴミを出す曜日は、ゴミの種類によって決まってるんですよ。グエンさんには、缶とペットボトルを捨てるのをやってもらおうかな。
グエン：はい。何曜日ですか？
もも：缶は第1、第3水曜日、ペットボトルは第2、第4火曜日ですよ。
グエン：むずかしいですね。忘れてしまいそうです。
ケン：ここに、ゴミ捨てのカレンダーがあるから、それを見て確かめるといいよ。
グエン：ああ、ちゃんとカレンダーがあるんですね。これなら大丈夫です。
もも：袋に集めて置いておくから、当日の朝8時までに、それをまとめて集積所に持って行ってね。
グエン：わかりました。

2 お皿洗い

もも：もう一つ、グエンさんにお手伝いをお願いしたいことがあるんだけど、いい？
グエン：はい。
もも：夕食を家で食べたときは、食後にお皿を洗ってほしいんだけど。
グエン：わかりました。大丈夫です。
ケン：やったー！　これで俺は皿洗いから解放される。
もも：ケンは、グエンさんがいないときは、いままでどおりやってちょうだい。
ケン：ええ〜、なんだよ、それ。
もも：文句言わないの。夕飯、作ってもらえるだけありがたいって思いなさい。
ケン：はい、ありがたいです……。

文法・表現

❶ 家のお手伝いも、してほしいんだけど。

○相手に望むことを頼む表現。

・〜て（動詞て形）ほしいんだけど。／〜て（動詞て形）もらいたいんだけど。

例 この荷物、●●さんに届けてほしいんだけど。
明日までに、返事してもらいたいんだけど。

❷ 何をしたらいいですか？

○相手に、自分にしてほしいことをたずねる表現。あなたを手伝いますよ、という申し出をするときにも使う。

- **ていねい** 何をしたらいいですか？
- **友だち** 何、したらいい？

❸ ゴミを出す係りをお願いできるかしら？

○相手に具体的な行為をお願いする表現。

- **ていねい** 〜を、お願いできるでしょうか？／〜を、お願いできますか？
- **友だち** 〜（を）、お願いできるかしら？／〜（を）、お願いできるかな？

「〜」には、お願いしたいこと（名詞、動詞の辞書形＋の）がくる。

例 花の水やり（を）、お願いできるかしら？
花に水をやるの（を）、お願いできるかな？

❹ ここに、ゴミ捨てのカレンダーがあるから、それを見て確かめるといいよ。

○相手に必要な情報を与えて、アドバイスする表現。

- **友だち** 〜から……といいよ。
- **ていねい** 〜ですから／ますから……といいですよ。

例 コンサートのチケット、インターネットで申し込めるから、試してみるといいよ。
ラディッシュなら簡単に育てられますから、気軽に挑戦してみるといいですよ。

練習問題　EXERCISES　　➡解答 145 ページ

1

ホストマザーが、ゴミ捨てを手伝うことをお願いしています。（　）に入れるのにもっともよいものを下から選び、会話を完成させましょう。

ホストマザー：燃えるゴミを出す曜日は第1、第3水曜日だから（　1　）
ローナク：う〜ん、忘れてしまいそうです。
ホストマザー：冷蔵庫に（　2　）がはってあるから、それを見て（　3　）。
ローナク：それなら（　4　）。
ホストマザー：じゃあ、お願いね。助かるわ。

　　a. カレンダー　b. 確かめるといいですよ　c. 大丈夫　d. 忘れないでね

2

下線部が正しい文になるように、1〜4を並べましょう。

1）店長：ヒエンさん、もうバイト、あがる時間だよね。
　　ヒエン：はい、そうです。でも今日はこの後、学校に行かなくていいんです。
　　店長：そうなの！ じゃあ、タムさんが来るまで ＿＿＿ ＿＿＿ ＿＿＿ ＿＿＿ かな？
　　ヒエン：はい、いいですよ。

　　　1 延長を　　2 できる　　3 お願い　　4 仕事の

2）12月にJLPTが＿＿＿ ＿＿＿ ＿＿＿ ＿＿＿ いいですよ。

　　　1 受験　　2 ある　　3 すると　　4 から

3 こんなときどう言いますか。(　)の表現を使って文を作りましょう。

1）友人のそうじを手伝うときに、どうしてほしいかを聞く。(～たらいい)

2）夜11時までに洗たくをしてほしいと伝える。(～てほしいんだけど)

大切なことば

日本語	中国語	ベトナム語	英語
ルール	规则	quy tắc	rule
手伝い	帮助	giúp đỡ	help
ゴミ出し	丢垃圾	đổ rác	throw away garbage
(ゴミを出す) 係り	(扔垃圾) 负责人	người phụ trách	person in charge
缶	罐子	lon	can
ペットボトル	PET瓶	chai nhựa	plastic bottles
カレンダー	日历	lịch	calendar
集積所	垃圾场	nơi tập kết	dumping station
皿洗い	洗碗	rửa chén	dish-washing
夕飯	晚餐	bữa ăn tối	supper
花	花	hoa	flowers
水やり	浇水	tưới nước	water (plants)
インターネット	网络	mạng	the internet
バイト (アルバイト)	打工	việc làm thêm	a part-time job
そうじ	打扫	quét dọn	cleaning
洗たく	洗衣服	giặt giũ	laundry

会話 シーン❹ ホームステイ2日目の朝

登場人物：留学生（グエン）、ホストマザー（もも）、ホストファザー（勝昭）

1 家族との会話

グエン：おはようございます。

勝昭：おはよう、グエンさん。昨日はよく眠れましたか。①

グエン：はい、おかげさまで。

もも：布団の寝心地はどうだった？

グエン：床に寝るのはちょっと……。でも、大丈夫でした。②

もも：それはよかった。朝食は自分でパンを食べてね。トースターもレンジのとなりにあるから、自由に使ってください。

グエン：はい。ありがとうございます。

勝昭：学校までは電車で行くんだよね？　駅までの道はわかるかい？

グエン：いいえ、まだよくわかりません。

勝昭：じゃ、ご飯食べたら、いっしょに出よう。③

グエン：はい、よろしくお願いします。

2 行ってきます

勝昭：それじゃ、グエンさん、行こうか。

グエン：はい、行きましょう。お母さん、行ってきます。④

もも：行ってらっしゃい。気をつけて。④

勝昭：行ってきます。今日は、会社で飲み会があるから夕飯はいらないよ。

もも：わかりました。グエンさんは、今日は何時頃、帰る予定？

グエン：7時ぐらいだと思います。

もも：じゃ、夕飯はうちで食べるのね。

グエン：はい、よろしくお願いします。

3 駅までの道で

勝昭：グエンさんは、国でも電車を利用していたのかい？
グエン：いいえ。電車はあまり乗ったことがありません。
勝昭：あはは、そうか。今日は少し早いからまだそんなにギュウギュウではないと思うけど、あと30分遅いと、京成線はすごく混むんだよ。
グエン：日本の満員電車、インターネットで⑤見たことがあります。たいへんだと思いました。
勝昭：慣れると乗れるようになるんだよ。あ、電車が来たよ。

文法・表現

❶ 昨日は、よく眠れましたか。

○相手がしたことがうまくいったか、問題がなかったかどうかを聞く表現。

ていねい 〜は、よく／うまく／じょうずに〜ましたか？

例 ゼミの発表はじょうずにできましたか？

友だち 〜は、よく／うまく／じょうずに〜＋た形？

例 昨日の試験はうまくいった？

❷ 床に寝るのはちょっと……。

○ていねいに断ったり、賛成しない気持ちを伝える表現。

・〜（名詞、動詞の辞書形＋の）はちょっと……。

文を最後まで言わず、「ちょっと……。」で終わらせるのがポイント。
友だちにも、目上の人にも使える。

例 コーヒーはちょっと……。

ホラー映画はちょっと……。

電話番号を教えるのはちょっと……。

❸ じゃ、ご飯食べたら、いっしょに出よう。

○あることをしたあとにほかのことをしようと提案する表現。

・〜（動詞た形）ら、……（動詞意向形）

意向形の部分は、ていねいにいう場合、「〜ましょう」という。

例　宿題をやったら、映画を見よう。
　　そうじをしたら、食事にしましょう。

❹ 行ってきます。／行ってらっしゃい。

○「行ってきます」は出かけるときに、見送ってくれる人に言うあいさつの表現。見送る人は「行ってらっしゃい」という。

友だち　行ってくるね。

❺ 見たことがあります。

○体験や経験を話すときに使う。

・〜（動詞た形）ことがある。／ことがあります。

例　この本は読んだことがある。
　　このレストラン、来たことがあります。
　　北海道は行ったことがあります。

---

column　道で会ったときどんな話をしたらよい？

　知り合って、まだそんなに親しくない人や近所の人と道で会って、ちょっと話すとき、どんな話題から話を始めるとよいのでしょうか。日本人同士では、「お天気」について話をすることが多いようです。たとえば、天気がよい日であれば、「今日はいいお天気ですね」「ええ、気持ちがいいですね」、雨の日であれば、「今日はよく降りますね」「じめじめして嫌ですね」など。そのほか、「今日は寒いですね」「今日は暖かいですね」「桜が咲きはじめましたね」など、気温や季節の話から入るという人も多いようです。これは、お天気や気温について真剣に話したいということではなく、「おはようございます」や「こんにちは」というあいさつの代わりだといってよいでしょう。季節やお天気の変化が大きい日本では、天気や気温の話であれば、お互いに気持ちを共有しやすいと言えそうです。

①あいさつ

練習問題 EXERCISES

➡解答 145 ページ

1 夫婦が話しています。（　　）に入れるのにもっともよいものを下から選び、会話を完成させましょう。

夫：よしこ、（　1　）。
妻：（　2　）車に気をつけて。
夫：はい、はい。そうだ、今日は（　3　）だ。
妻：じゃ、（　4　）はいらないのね。
夫：そうだな。

　　　　a. 飲み会　b. 行ってきます　c. 夕食　d. 行ってらっしゃい

2 下線部が正しい文になるように、1〜4を並べましょう。

1）先生：李茜さん、昨日はスピーチ大会だったんだよね。
　　李茜：はい。
　　先生：最後まで＿＿＿＿　＿＿＿＿　＿＿＿＿　＿＿＿＿できましたか？
　　李茜：それが……。

　　　　1 忘れずに　　2 うまく　　3 ことが　　4 話す

2）この仕事が＿＿＿＿　＿＿＿＿　＿＿＿＿　＿＿＿＿。

　　　　1 どこかに　　2 行こう　　3 終わったら　　4 飲みに

3 こんなときどう言いますか。（　　）の表現を使って文を作りましょう。

1）犬は苦手だという気持ちをやわらかい表現で伝える。（〜はちょっと……。）

2）富士山に登ったことがあるかどうかを聞く。（〜たことがある）

大切なことば

日本語	中国語	ベトナム語	英語
寝心地	躺上去的感觉	cảm giác thoải mái khi ngủ	sleeping comfort
床	地板	tầng floor	floor
トースター	烤面包机	máy nướng bánh mì	toaster
レンジ	微波炉	lò vi sóng	microwave oven
飲み会	酒会	tiệc nhậu	drinking party
満員電車	挤满人的电车	tàu đông kín người	jam-packed train
慣れる	习惯	quen với	get used to

文法コラム 1 動詞の形はひとつじゃない

みなさんはこの本で勉強をしてきて、日本語の動詞の形がいろいろと変わることに気がついていると思います。下にこのテキストの中に出てくる、よく使われる動詞の形を表にしてみました。声に出して横に読んでください。

※それぞれの動詞の形（「〜形」は、それが文の終わりにくれば、たとえば「読まない」（ない形）は否定、「読んだ」（た形）は過去、「読みます」（ます形）は「読む」（辞書形）のていねいな言い方と考えることができます。しかし、意味だけでなく右（31ページ）に示したように、動詞には、それが他の文法の表現とつながるときに『〜形』でなければならない」というルールがあるため、正しい形にできることが大切になります。どのような表現につながるかによって、正しい形は変わります。

ない形	ます形	辞書形	条件形	意向形	て形	た形
negative-form	masu(polite)-form	dictionary form	conditional form	volition form	te-form	ta-form
着ない	着ます	着る	着れば	着よう	着て	着た
紹介しない	紹介します	紹介する	紹介すれば	紹介しよう	紹介して	紹介した
入らない	入ります	入る	入れば	入ろう	入って	入った
待たない	待ちます	待つ	待てば	待とう	待って	待った
来ない	来ます	来る	来れば	来よう	来て	来た
使わない	使います	使う	使えば	使おう	使って	使った
教えない	教えます	教える	教えれば	教えよう	教えて	教えた
食べない	食べます	食べる	食べれば	食べよう	食べて	食べた
(ない) ＊	あります	ある	あれば	あろう	あって	あった
見ない	見ます	見る	見れば	見よう	見て	見た
歩かない	歩きます	歩く	歩けば	歩こう	歩いて	歩いた
読まない	読みます	読む	読めば	読もう	読んで	読んだ
しない	します	する	すれば	しよう	して	した
集めない	集めます	集める	集めれば	集めよう	集めて	集めた
置かない	置きます	置く	置けば	置こう	置いて	置いた
忘れない	忘れます	忘れる	忘れれば	忘れよう	忘れて	忘れた
いない	います	いる	いれば	いよう	いて	いた
乗らない	乗ります	乗る	乗れば	乗ろう	乗って	乗った

＊「ある」という動詞の「ない形」はありません。「ない」という形容詞が「ある」の否定（打ち消し）の語になります。

この本に登場する「動詞といっしょに使われる表現」と「その動詞の形」をいくつかリストにしました。

動詞ない形＋ように

なくさないように気をつけてください。

動詞ます形＋たいです

郵便局で口座を作りたいんですが……。

動詞ます形＋ください

少々、お待ちください。

動詞辞書形＋のは

床に寝るのはちょっと……。

動詞て形＋もらえないかな

この文をメールで送ってもらえないかな。

動詞て形＋ほしい

家の手伝いもしてほしいんだけど。

動詞て形＋てもいい

いっしょに食べてもいいですか。

動詞て形＋みる

赤谷先生に頼んでみるといいよ。

動詞た形＋ら

じゃ、ご飯食べたら、いっしょに出よう。

動詞た形＋ことがあります

見たことがあります。

動詞た形＋はずです

アイスクリーム2つ頼んだはずですが……。

PART 2 町の中へ

目標 日本で暮らしはじめるのに必要な表現をおぼえる

・住民登録をするのに必要な表現をおぼえよう。
・郵便局で口座を作るのに必要な表現をおぼえよう。
・学校に通う定期を買うのに必要な表現をおぼえよう。

会話　シーン❶　日本で暮らす準備——市役所で

登場人物：留学生（グエン）、ホストマザー（もも）、市役所の人（市）

1 在留カードを持って住民登録に行く

もも：グエンさん、入国するときに在留カード、もらったわよね？

グエン：はい、もらいました。

もも：これから日本で生活するために、市役所に行って、住民登録の手続きをしないといけないの。ついていってあげるから行きましょう。

グエン：はい、ありがとうございます。

もも：じゃあ、いまから行きましょう。パスポートと在留カードを用意してね。

2 市役所の受付で

もも：すみません、外国人留学生の住民登録はこちらですか？

市：はい、こちらで大丈夫です。順番におうかがいしますので、まず、あちらの機械で番号札を取ってお待ちください。

もも：わかりました。

＞＞＞＞＞＞＞

市：73番の方、どうぞ。

グエン：はい。

市：留学生の方ですね。パスポートと入国のときに交付された在留カードはお持ちですか？

グエン：はい、これです。

市：ありがとうございます。では、住民登録の手続きをいたしますので、こちらの紙に、お名前、ご住所などを書いてもらってもいいですか？

もも：手伝ってほしいことがあったら言ってね。

グエン：はい、ありがとうございます。ええと、私の名前、日本語でどう書きますか？

市：アルファベットでも大丈夫ですよ。

グエン：じゃあ、そうします。

≫≫ 記入が終わり、用紙を出す

グエン：これで大丈夫ですか？

市：確認いたしますね。……はい、こちらで大丈夫です。では、住民登録の手続きをいたしますね。今日は、住民票は必要ですか？

もも：そうですね。とりあえず1部、お願いします。

市：わかりました。では、できあがりましたら、番号でお呼びするので、席に座って、お待ちください。

文法・表現

❶ 住民登録の手続きをしないといけないの。

○「〜ないといけない」は、ある目的のために、しなければならないことを伝える表現

友だち 〜ないといけない／〜なければならない

例 学費のためにアルバイトをしないといけない。

ていねい 〜ないといけません／〜なければなりません

例 日本の大学に行くために、日本留学試験を受けなければなりません。

※最後の「の」は、女性が目下の人に対して使うことが多い表現。軽い命令を表す。

❷ ついていってあげる

○「〜てあげる」は、相手のために何かしようという気持ちを伝える表現。親しい人や自分より目下の人に対して使う。

　　友だち　〜てあげる（よ）

　　例 読めない漢字があれば教えてあげるよ。

　　ていねい　〜てあげます（よ）

　　例 私にできることであればなんでも手伝ってあげますよ。

　※「〜てあげる」は目上の人に対して使った場合、押し付けがましくなることもあるから注意しよう。

　　×先生、私がついていってあげますよ。

❸ 順番におうかがいします。

○「おうかがいします」は、謙譲表現の一つ。「謙譲表現」は、自分を低めることによって、相手を高める表現。

　・お＋動詞のます形＋する／します

　　ていねい　お〜します

　　例 そのカバン、お持ちしましょうか？
　　　 ここでお待ちします。

❹ 書いてもらってもいいですか？

○「〜てもらってもいいですか」は、相手に何かをしてほしいとき、お願いをするときに、最近、よく使われる表現。軽い命令にも使われる。

　　ていねい　〜てもらって（も）いいですか？

　　例 この荷物、向こうに運んでもらってもいいですか？

　　友だち　〜てもらって（も）いい？

　　例 教科書忘れちゃった。いっしょに見せてもらってもいい？

練習問題　EXERCISES

➡ 解答 146 ページ

1 市役所の窓口で、市役所の人と留学生が話しています。（　）に入れるのにもっともよいものを下から選び、会話を完成させましょう。

留学生：すみません、外国人留学生の（　1　）はこちらですか。

市：はい、順番におうかがいしますから、あちらで番号札を取ってお待ちください。

留学生：わかりました。

＞＞＞＞

市：43 番の方、どうぞ。

留学生：はい。

市：留学生ですね。（　2　）と入国のときに（　3　）在留カードはお持ちですか。

留学生：はい、これでいいですか？

市：はい、大丈夫です。これから手続きをいたしますので、こちらに、お名前、ご住所などを（　4　）？

　　a. 交付された　　b. パスポート　　c. 書いてもらってもいいですか　　d. 住民登録

2 下線部が正しい文になるように、1〜4を並べましょう。

1）先生：最近、目が悪くなってね。この小さい漢字が読めないんだよ。

　　ニャット：では、私が＿＿＿＿＿＿＿＿＿＿＿＿＿＿＿＿か？

　　　　1 お読み　　2 先生の　　3 しましょう　　4 かわりに

2）欲しい＿＿＿＿＿＿＿＿＿＿＿＿＿＿＿＿あげますよ。

　　　　1 なんでも　　2 ものが　　3 買って　　4 あれば

3 こんなときどう言いますか。(　　)の表現を使って文を作りましょう。

1）はじめて会った人に、スマホのメールアドレスを聞く。(〜てもらってもいいですか)

2）重そうな荷物を持っている友だちを手伝いたい。(〜てあげる)

日本語	中国語	ベトナム語	英語
在留カード	在留卡	thẻ lưu trú	residence card
生活	生活	cuộc sống	life
入国する	入国	nhập cảnh	enter the country
市役所	市政厅	tòa thị chính	city
住民登録	居民登记	đăng ký thường trú	resident registration
手続き	手续	thủ tục	procedure
パスポート	护照	hộ chiếu	passport
機械	机器	máy	machine
番号札	号码牌	thẻ số	number card
交付する	交付	cấp phát	issue
アルファベット	字母	bảng chữ cái	alphabet
記入する	填写	điền vào	fill in
住民票	居住证明	giấy chứng nhận cư trú	certificate of residence
とりあえず	暂且	trước hết/ tạm thời	for the time being
学費	学费	học phí	school fees

会話 シーン❷ 日本で暮らす準備——郵便局で

登場人物：留学生（グエン）、ホストマザー（もも）、郵便局の人（局員）

1 郵便局で口座を作る

グエン：あのう、お母さん、すみません。郵便局で口座を作りたいんですが……。

もも：ああ、そうね。口座がないと不便よね。口座を作るには在留カードが必要だそうよ。

グエン：はい、在留カード、あります。

もも：じゃ、それを持って郵便局に行きましょう。郵便局なら、印鑑はいらないそうですよ。

グエン：いっしょに行ってもらえますか。

もも：いいですよ。明日の午後はどう？

グエン：はい、大丈夫です。よろしくお願いします。

2 郵便局で

アナウンス：番号札48番の方、1番窓口へどうぞ。

局員：はい、いらっしゃいませ。

グエン：ええと、すみません、口座を作りたいんですが……。

局員：では、この紙に、住所、名前、連絡先などを書いてください。書けたら持ってきてください。あちらの机にボールペンがありますから、使っていいですよ。

グエン：ええと、私はまだ漢字がうまく書けません。

もも：私が書きましょうか。

局員：英語で書けるものもありますよ。

グエン：そうですか。では、それをお願いします。

局員：じゃあ、こちらをお使いください。

グエン：ありがとうございます。

》》》 記入する 》》》

グエン：これでいいですか。

局員：ええと……、はい、ではいま、通帳とカードを作りますから、おかけになってお待ちください。

3 通帳とカードを受け取る

局員：グエンさん、お待たせしました。通帳とカードがご用意できました。4ケタの暗証番号を決めていただいて、ご登録をお願いします。

グエン：あ、はい。

》》》 番号を登録書に書く 》》》

局員：はい、これで登録しますね。はい、これで、あとはATMでもお使いいただけますので、どうぞご利用ください。

グエン：ありがとうございました。

文法・表現

❶ 郵便局で口座を作りたいんですが……。

○「～たいんですが……」は、自分のしたいことを相手に伝える表現。

ていねい　～たいんですが……。

例　(図書館で)すみません、この本、借りたいんですが……。

※目上の人や先生などに対して、してほしいことがあるときは、「～ていただきたいんですが……。」と言う。

ていねい　～ていただきたいんですが……。

例　(先生に)私が書いた日本語を直していただきたいんですが……。
　　(先生に)この漢字の読み方を教えていただきたいんですが……。

❷ 印鑑はいらないそうですよ。

○「〜そうです」は、自分がほかの人から聞いた話や自分が知っていることをほかの人に伝える表現。「よ」は、自分は知っていて、相手が知らないことを言う場合に、文の最後につけることが多い。

> **ていねい**　〜そうですよ。
>
> 例　午後は雨が降るそうですよ。
> 　　このアニメは海外でも人気があるそうですよ。
>
> **友だち**　〜そうだよ。
>
> 例　あしたは雪が降るそうだよ。
> 　　この声優さん、若い人のあいだで人気があるそうだよ。

❸ いっしょに行ってもらえますか。

○「〜てもらえますか」は、相手に助けを求めたり、こちらの希望を伝えたりする表現。

> **ていねい**　〜てもらえますか。
>
> 例　少し手伝ってもらえますか。
> 　　明日まで待ってもらえますか。
>
> **友だち**　〜てもらえる？
>
> 例　机の上にあるティッシュ、取ってもらえる？
> 　　ちょっと辞書、貸してもらえる？

❹ あちらの机にボールペンがありますから、使っていいですよ。

○「〜ていいです（よ）」は、相手に許可を与える表現。

> **ていねい**　〜ていいですよ。
>
> 例　そこに座っていいですよ。
> 　　冷蔵庫の中のもの何でも飲んでいいですよ。
>
> **友だち**　〜ていいよ。
>
> 例　電子レンジ、好きに使っていいよ。
> 　　このメモ用紙、持っていっていいよ。

練習問題 EXERCISES

➡解答 146 ページ

1
郵便局で、郵便局の人と客が話しています。（　）に入れるのにもっともよいものを下から選び、会話を完成させましょう。

局員：トニーさん、（ 1 ）。通帳とカードがご用意できましたので4ケタの（ 2 ）を決めていただければご登録ができますよ。

客：あ、はい。（番号を登録書に書く）

局員：では、（ 3 ）登録させていただきます。ATMでもお使いいただけますので、（ 4 ）。

客：ありがとうございました。

a. どうぞご利用ください　b. これで　c. 暗証番号　d. お待たせしました

2
下線部が正しい文になるように、1～4を並べましょう。

1）ナム：店長、あしたの午後のバイト、休ませていただけないでしょうか。

　　店長：うん。構わないけど_____ _____ _____ _____ かな。

　　　　1 言って　　2 もらえる　　3 もう少し　　4 早く

2）アインさん、_____ _____ _____ _____ よ。

　　　　1 なる　　2 あしたは　　3 そうだ　　4 いい天気に

3 こんなときどう言いますか。(　　)の表現を使って文を作りましょう。

1) おいしいラーメン屋を教えてほしい。(～ていただきたいんですが……)

2) 友だちに自分の自転車に、いつでも乗って構わないと伝えたい。(～ていいよ)

大切なことば

日本語	中国語	ベトナム語	英語
郵便局	邮局	bưu điện	post office
口座	银行帐户	tài khoản	account
不便	不方便	sự bất tiện	inconvenience
印鑑	印章	con dấu	personal seal
アナウンス	公告	thông báo	announcement
窓口	窗口	cửa bán vé / quầy giao dịch	reception
ボールペン	圆珠笔	bút bi	ballpoint pen
通帳	存折	sổ tài khoản ngân hàng	passbook
カード	卡	thẻ	card
4ケタ	四位数	bốn chữ số	four figures
暗証番号	密码	mật khẩu	personal identification number (PIN)
ATM	自动取款机	ATM	ATM
アニメ (アニメーション)	动画片	phim hoạt hình Nhật Bản	cartoon film
声優	声优	diễn viên lồng tiếng	voice-over actor
ラーメン屋	拉面店	tiệm mì kiểu Trung Quốc	ramen shop

会話 シーン❸ 日本で暮らす準備——定期券を買う

登場人物：留学生（グエン）、駅員（駅員）

1 窓口で

グエン：あのう、すみません、電車の定期券を買いたいんですが……。

駅員：はい。学生の方ですか？

グエン：はい。

駅員：今日、学生証は持っていますか？

グエン：持っています。……これです。

駅員：そうしましたら、あちらに購入の申し込み用紙があるので、必要事項を書いてください。書けたら、こちらに持ってきてください。

グエン：コウニュウ？　なんですか？

駅員：ああ、定期を買うための申し込み用紙ですよ。乗る駅と降りる駅、住所や名前を書いてください。

グエン：わかりました。

〉〉〉記入して窓口に持っていく〉〉〉

グエン：これでいいですか？

駅員：はい。じゃ、もう一度、学生証見せてくださいね。

グエン：はい。

駅員：はい、ではこちら、大山駅から学園前駅まで3カ月の定期券ね。1万3,280円いただきます。

グエン：はい。（お金を払う）

駅員：はい、じゃ、なくさないように気をつけてください。次から自動券売機でも買えるから、そちらもご利用ください。

グエン：ありがとうございました。

文法・表現

❶ コウニュウ？ なんですか？

○わからないものについてたずねる表現。聞き取れたことば、意味がわからなかったことばをそのまま繰り返し、そのあとに「なんですか？」をつける。聞き取れたことばのあとに「〜って」をつけてもよい。

> **ていねい** （〜って）なんですか？
>
> 例 「ししゃも」、なんですか？
> 　　「シュウカツ」ってなんですか？
>
> **友だち** （〜って）なに？
>
> 例 「ひゃっきん」、なに？
> 　　「マッチャ」ってなに？

❷ 定期を買うための申し込み用紙ですよ。

○「〜ための」は、あるものが何に使われるのかを伝える表現。

> 例 これはスマホを充電するための機械です。
> 　　電車の時間を知るためのアプリはたくさんあります。

❸ なくさないように気をつけてください。

○「〜ないように〜てください」は、相手に、あることをしないように注意する表現。

> **ていねい** 〜ないように〜てください。
>
> 例 忘れないようにメモしてください。
> 　　遅れないように早く家を出てください。
>
> **友だち** 〜ないように〜てね。
>
> 例 かぎ、なくさないように気をつけてね。

練習問題　EXERCISES

➡解答 147 ページ

1

駅の定期券売り場で、定期を買いにきた留学生と駅員が話しています。（　　）に入れるのにもっともよいものを下から選び、会話を完成させましょう。

駅：はい、ではこちら、高田駅から県立大学前駅まで6カ月の定期券（　1　）。3万450円です。

留学生：40,000円で（　2　）。（お金を払う）

駅：はい、じゃ、なくさないように（　3　）。次からは（　4　）でもご購入になれますよ。

留学生：そうなんですね。ありがとう。

　　　a. 自動券売機　b. 気をつけてください　c. です　d. お願いします

2

下線部が正しい文になるように、1～4を並べましょう。

1）ピョウ：部長、今日は申し訳ありませんでした。

　　部長：仕方がないですね。でも_____ _____ _____ _____してください。

　　　1 二度としない　2 失敗は　3 同じ　4 ように

2）クオンさん、_____ _____ _____ _____か。

　　　1 チュウハイ　2 なん　3 です　4 って

044

3 こんなとき、どう言いますか。(　　)の表現を使って文を作りましょう。

1) 先生に、「パワハラ」ということばの意味を聞きたい。(〜〈って〉なんですか)

2) 「風呂敷」は物を包むときに使う布であるということを教える。(〜ための)

大切なことば

日本語	中国語	ベトナム語	英語
定期券	定期车票	vé định kỳ	commuter pass
学生証	学生证	thẻ sinh viên	student identity card
購入	购买	mua	buy
申し込み用紙	申请书	giấy đăng kí	application form
必要事項	必要事项	những mục cần thiết	necessary information
自動券売機	自动售票机	máy bán vé tự động	automatic ticket machine
充電	充电	sạc điện	battery charge

PART 3 電車事故

目標 電車事故で電車が遅れたときに必要な表現をおぼえる

・駅員にほかの行き方がないか、聞く表現をおぼえよう。
・学校やアルバイトに遅れることを連絡する表現をおぼえよう。
・道や行き方の説明に使われる表現をおぼえよう。

会話　シーン❶　電車が事故で遅れてたいへん！

登場人物：留学生（グエン）、ホストブラザー（ケン）、駅員（駅員）、学校の事務（事務）

1 電車が事故で遅延

駅アナウンス：お客さまにお知らせいたします。先ほど7時15分ごろ、新宿駅で、お客様と電車の接触事故が発生しました。その影響で、ただいま中央線は、全線で運転を見合わせております。なお、地下鉄・丸の内線では振替輸送を実施しております。

グエン：困りました。30分以上動かないと、学校に遅刻してしまいます。

ケン：どれくらいで動きそうか、駅員さんに聞いてみよう。あのう、すみません、電車は、あとどれぐらいで動きますか？①

駅員：すみません、いまのところ、ちょっとわからないですね。

グエン：そうですか。中野駅まで行きたいんですが、いい方法はないでしょうか？②

駅員：ここから歩いて丸の内線の新宿駅まで行けば、新中野で降りて中野まで歩けますよ。徒歩ですと20分くらい、かかりますが……。

ケン：なるほど。ありがとうございます。グエンさん、ここで待っていても仕方ないから、地下鉄で行こう。

グエン：そうしましょう。

2 学校の事務に遅れるかもしれないと連絡する

グエン：ケンさん、地下鉄から行っても、学校には遅れてしまいそうです。バスかタクシーで行ったほうがいいでしょうか？③

ケン：うーん、バスも混んでるから乗るまで時間かかると思うよ。タクシーも長い行列ができてると思う。とりあえず、学校には連絡しておいたほうがいいかもしれないね。学校の電話番号、わかる？

グエン：はい、携帯電話に登録してあります。

（学校に電話をかける）

事務：はい、イモト日本語学校です。

グエン：あの、おはようございます。グエンですけど。

事務：ああ、グエンさん、おはようございます。どうしました？

グエン：電車が事故で遅れました。授業に間に合いません。

事務：わかりました。連絡ありがとうございます。先生には、伝えておきますね。焦らなくていいので気をつけて来てください。

グエン：はい、わかりました。ありがとうございます。

文法・表現

1 あのう、すみません。

○ 人に話しかけるときに、前置きのことばとして使える表現。いきなり要件を切り出すと相手は驚いてしまうので、このような前置きのことばをいうと、会話がスムーズに始められる。

ていねい あのう、すみません／すみません／あの

例 あのう、すみません。駅までの道を教えていただきたいんですが……

友だち ごめん／ええと

例 ごめん、ティッシュ、取ってくれる？

2 行きたいんですが……

○「たいんですが……」は、自分がしたいことをていねいに言うときの表現。また、自分のしたいことを言うときの前置きとして使うこともある。

> 例 あのう、トイレを借りたいんですが……
> すみません、ちょっとお願いしたいんですが……
> あのう、コピー機を使いたいんですが、やり方を教えてください。

❸ 行ったほうがいい／連絡しておいたほうがいい

○「〜たほうがいい」は、相手にとって、よいだろうと思われることをアドバイスするときに使う。

> **ていねい**　〜たほうがいいです（よ）／〜たほうがいいと思います（よ）　など
>
> 例 （体の調子が悪そうな人に）今日はもう帰ったほうがいいですよ。
> 電車で行くより、バスで行ったほうがいいと思いますよ。
>
> **友だち**　〜たほうがいい（よ）
>
> 例 宿題の作文、先生に出す前に、よく見直したほうがいいよ。

❹ 電車が事故で遅れました。授業に間に合いません

○遅刻することを連絡する表現。「電車が事故で遅れました」という理由を言ってから、「授業に間に合いません」と説明する。「〜ので」を使って、1つの文でいうこともできる。

> 例 電車が事故で遅れましたので、授業に間に合いません。
> 電車が事故で遅れたので、授業に遅れます。

🌳 column　車内アナウンスの短縮語

　東京の電車に乗っていると、いろいろなアナウンスが聞こえてきます。その中には電車の中でしか聞かないような言い方があります。たとえば、「人立入（ひとたちいり）」。これは「（線路の中に）人が立ち入りました」を短くしたもの。あるいは、「荷物挟まり」。これは「荷物が（ドアとドアとのあいだに）挟まりました」ということです。これらの情報は電車の中のモニターで示されることもあります。
　電車が遅れている理由がわかっても、自分が仕事の約束の時間や学校に遅れることにかわりはないので、こういった情報をありがたいと思わない人も多いようです。またこういった短くした言い方を快く思わない人もいます。

練習問題　EXERCISES
➡解答 147 ページ

1 駅で、駅員と客が話しています。（　）に入れるのにもっともよいものを下から選び、会話を完成させましょう。

客：（ 1 ）、すみません、電車は、あとどれぐらいで動きますか。

駅員：（ 2 ）、まだ、ちょっとわからないですね。

客：そうですか。中野駅まで行きたいんですが、いい方法はないでしょうか。

駅員：ここから新宿駅まで（ 3 ）、丸の内線で新中野駅まで出られますよ。（ 4 ）ですと 20 分くらいかかりますが……。

客：わかりました。ありがとうございます。

　　a. 歩いて行けば　b. あのう　c. 徒歩　d. 申し訳ありません

2 下線部が正しい文になるように、1〜4を並べましょう。

1）ホアン：大里駅まで行きたいんですが……

　　駅員：ここから歩いて高村駅まで行けば、＿＿＿＿＿ ＿＿＿＿＿ ＿＿＿＿＿ ＿＿＿＿＿よ。

　　　1 大里駅に　　2 町田線に　　3 出られます　　4 乗って

2）（友人にアドバイスする）

　　会社に遅れる＿＿＿＿＿ ＿＿＿＿＿ ＿＿＿＿＿ ＿＿＿＿＿よ。

　　　1 おいた　　2 伝えて　　3 ほうがいい　　4 ことを

③電車事故

049

3 こんなときどう言いますか。(　　)の表現を使って文を作りましょう。

1）もうすぐ電車が動くので、ここにいるのがよいと伝える。(～たほうがいい)

_____

2）アルバイト先の店長に、電車が遅れて遅刻することを伝える。(～ので)

_____

大切なことば

日本語	中国語	ベトナム語	英語
接触事故	碰撞事故	tai nạn va chạm nhẹ	minor accident
全線	所有线路	tất cả các tuyến	all lines
運転を見合わせる	暂停列车运行	tạm ngừng tàu	to suspend the operation of the train
運転再開見込み	恢复列车运行	dự kiến nối lại hoạt động tàu	likelihood of resumption of the operation of the train
人身事故	伤亡事故	tai nạn gây thương tích hoặc tử vong	accident causing injury or death
車両故障	车辆故障	sự cố xe	car trouble
人立ち入り	禁止入内	có người vào đường ray	to enter the off-limits area
途中駅混雑	中转车站拥挤	tắc nghẽn giao thông tại ga	way station congested
振替輸送	代运	vận chuyển thay thế miễn phí	free alternative transportation
列車遅延	列车延误	trễ tàu	train delay
徒歩	徒步	đi bộ	on foot
行列	队伍、一列	xếp hàng	line / queue
携帯電話	手机	điện thoại di động	cellphone
登録	注册	đăng ký	registration
焦る	焦躁　着急	nôn nóng / vội vàng	to be flustered

会話 シーン❷ 電車が動き出した

登場人物： 留学生（グエン）、ホストブラザー（ケン）、駅員（駅員）

1 運転再開

駅アナウンス：お客さまにお知らせいたします。運転を見合わせておりました中央線ですが、先ほど8時30分、運転を再開したという情報が入りました。ただし、事故の影響でダイヤに大幅な乱れが生じております。引き続き、丸の内線では振替輸送を行っておりますので、ご利用ください。

ケン：あ、中央線、運転再開したんだ。待てばよかったかなあ。

グエン：でも、再開しても電車は遅れているし、とても混んでいるみたいですよ。丸の内線にしてよかったと思います。

ケン：それもそうだね。

グエン：じゃ、私はここで乗り換えます。ケンさん、気をつけて。

ケン：おう。グエンさんも気をつけて。

2 乗り換え

グエン：すみません、四ッ谷駅に行きたいんですが、どう行ったらいいですか？

駅員：四ッ谷駅ですね。そうしましたら、この改札口を出て右に行ってください。150メートルぐらい歩いたら、突き当りますので、今度は左に行ってください。その先に、地下鉄・丸の内線の入り口があるので、そこを入ってください。丸の内線の銀座方面行きに乗ったら4つ目が四ッ谷駅ですよ。

グエン：右に行って、突き当たったら左に行って、丸の内線に乗るんですね。

駅員：はい、そうです。丸の内線の案内が出ているので、大丈夫だと思いますよ。

グエン：ありがとうございます。

文法・表現

❶ 待てばよかったかなあ

○「動詞＋条件形＋よかった」は、ほかの方法があったかもしれないことを残念に思ったときに使う表現。自分の行動を後悔しているときにも使う。

> 例 ああ、もうお店、閉まってる。もっと早く来ればよかった。
> 電車じゃなくて、バスで行けばよかった。

❷ どう行ったらいいですか？

○目的の場所までの行き方をたずねる表現。

> ていねい　どう行ったらいいですか？

> 例 駅から動物園まで、どう行ったらいいですか？
> 「Flower kitchen」というお店に行きたいんですが、どう行ったらいいですか？

> 友だち　どう行ったらいい？

> 例 有明ドームまで、どう行ったらいい？
> 図書館に行きたいんだけど、どう行ったらいい？

---

column　駅の構内や建物内の道案内によく使われることば

●新宿寄りの階段

ホームに階段やエスカレーターが2つある場合など、隣の駅の名前や電車が進む方向を示して「〜に近いほうの」という意味で「〜寄りの」ということがあります。

> 例 進行方向（に向かって）前寄りの階段／後ろ寄りのエスカレーター

●乗り換え口／出口

ある路線から、改札を通って違う路線に乗り換えるとき、改札が2つあることがあります。「乗り換え口」は、そのままほかの路線につながっている改札です。もう一つは「出口」です。出口の改札を通ると、ほかの路線に行けないことがあるので注意しましょう。

練習問題　EXERCISES　　➡解答148ページ

1
駅で、駅員と客が話しています。（　）に入れるのにもっともよいものを下から選び、会話を完成させましょう。

クイン：すみません、新中野駅に行きたいんですが……。

駅員：新中野駅ですね。そうしましたら、この改札口を（　1　）右に行ってください。150メートルぐらい歩いたら、（　2　）ますので、今度は左に行ってください。その先に、地下鉄・丸の内線の（　3　）があるので、そこを入ってください。丸の内線の荻窪方面行きに（　4　）3つ目が新中野駅ですよ。

　　a. 突き当り　　b. 入り口　　c. 乗って　　d. 出て

2
下線部が正しい文になるように、1〜4を並べましょう。

1）（駅員さんに道順を確認する）

ハイ：右に_____ _____ _____ _____に乗るんですね。

　　1 突き当ったら　　2 行って　　3 丸の内線　　4 左に行って

2）（駅でのアナウンス）

駅員：事故の_____ _____ _____ _____おります。

　　1 ダイヤに大幅な　　2 生じて　　3 乱れが　　4 影響で

③電車事故

3 こんなときどう言いますか。(　　)の表現を使って文を作りましょう。

1）あなたの学校（または会社）のいちばん近い駅から、学校（または会社）までの行き方を説明する。（改札を出て／真っすぐ行って／右に曲がります　など）

2）運転再開を待ったほうがよかったかもしれなかったという気持ちを言う。（〜ばよかった）

日本語	中国語	ベトナム語	英語
運転再開	恢复列车运行	nối lại hoạt động của tàu	resumption of operation of the train
運転を再開する	恢复列车运行	nối lại hoạt động của tàu	to resume the operation of the train
ダイヤ	列车时刻表	bảng giờ tàu chạy	timetable
大幅な	大幅度的	khá/ đáng kể	significant
遅れ／遅延	延迟	sự chậm trễ delay	delay
生じる	发生	xảy ra	occur
乗り換える	换乘	đổi (tàu/ xe)	to transfer
改札口	检票口	cửa soát vé	ticket gate
突き当り	尽头	cuối đường	at the end of the road

文法コラム 2 最後は「……。」の文

38ページの「文法・表現」にもありますが、日本語では、文を最後まで言わずに相手に「続き」を考えてもらう表現がよく使われます。

この本に出てきたものとしては、以下の用例があります。

1 床に寝るのはちょっと……。 ⇒ 25 ページ
2 郵便局で口座を作りたいんですが……。 ⇒ 37 ページ
3 電車の定期券を買いたいんですが……。 ⇒ 42 ページ
4 徒歩ですと 20 分くらい、かかりますが……。 ⇒ 46 ページ
5 間違っているかもしれないんですが……。 ⇒ 60 ページ
6 書いてみたのですが、日本語に自信がなくて……。 ⇒ 65 ページ
7 ははっ、八分通りできているのですが……。 ⇒ 71 ページ

それぞれ「……。」にどんなことばが入るか考えてみてください。下に例を書いておきますね。

> **解答例**
>
> 1 …困ります。／…したくないです。
> 2 …作り方を教えていただけませんか。
> 3 …どうすればいいでしょうか。
> 4 …歩きますか。／…お歩きになりますか。
> 5 …答えてみます。
> 6 …チェックしていただければありがたいです。
> 7 …まだ最後まではできていません。

いかがですか？ 自分では言いにくいことは「……。」にして、相手に任せることも、一つのコミュニケーション能力です。

PART 4 学校

目標 学校でのさまざまな場面で使われる表現をおぼえる

・親しい友だちとの会話で使う表現をおぼえよう。
・授業で、先生に質問したり質問に答えたりする表現をおぼえよう。
・先生に、お願いがあるときの言い方をおぼえよう。

会話　シーン❶　学校に着いて

登場人物：留学生1（グエン）、留学生2（モハマド）

1 教室に入って

グエン：おはよう。

モハマド：おはよう。

グエン：宿題やった？

モハマド：宿題あったっけ？

グエン：あったよ。①漢字を5回ずつ書く宿題。

モハマド：そうだった！

グエン：同じ漢字を何回も書くのは退屈だよね。

モハマド：ほんと。漢字はスマホのアプリで勉強したほうがいいと思う。

グエン：ところで進路のことはどうするの？

モハマド：大学に進学するつもりだけどグエンは？

グエン：僕も、②いま志望理由書を書いているところなんだ。

モハマド：そっか。志望理由書って自分のことを書くんだけど、むずかしいよね。

グエン：うん。だれもが書くようなことを書いてもだめだって言われたし。

モハマド：最後まで書けたら、③赤谷先生に頼んでみるといいよ。

グエン：見てくれるかな。

モハマド：たぶん大丈夫だよ。あの先生、ああ見えて、なかなか面倒見がいいらしいよ。

グエン：じゃあ、あとで行って頼んでみるよ。

モハマド：うん。それがいいよ。

文法・表現

❶ 漢字を5回ずつ書く宿題。

○ どんな「宿題」なのかを説明する文を、「宿題」の前につけて言う言い方。

例 毎朝読む新聞
　 昨日届いたメール
　 みんなが言っていること

❷ いま志望理由書を書いているところなんだ。

○「〜ているところ」は、いましていることを伝える表現。

ていねい　〜ているところなんです／〜ているところです

例 いまメールの返事を書いているところです

友だち　〜てるとこなんだ／〜いるとこ

例 ちょっと待って、いま行く準備をしてるとこなんだ。

❸ 赤谷先生に頼んでみるといいよ。

○「みるといい」は、人にためしにやってみるとよいとアドバイスする表現。人にアドバイスする表現。

ていねい　〜てみるといいですよ／〜てみるといいかもしれませんね　など

例 今度、見学にくるといいですよ。
　 一度、そのお店に行ってみるといいかもしれませんね。

友だち　〜てみるといいよ

例 ホストブラザーに聞いてみるといいよ。
　 しなければならないことを書き出してみるといいよ。

練習問題　EXERCISES
➡解答 149 ページ

1 友人2人が話しています。（　）に入れるのにもっともよいものを下から選び、会話を完成させましょう。

ザヤ：実はいま（　1　）を書いているんだ

グエン：ザヤ君は大学院に（　2　）するんだったよね。

ザヤ：うん。「研究目的」と「研究意義」の違いがむずかしくて。

グエン：それなら、山本先生に（　3　）といいよ。

ザヤ：見てくれるかな。

グエン：きっと大丈夫だよ。面倒見が（　4　）から。

　　　a. 進学　　b. 相談してみる　　c. 研究計画書　　d. いい

2 下線部が正しい文になるように、1～4を並べましょう。

1）店長：ヌーさん、いま、ちょっといい。

　　ヌー：ええ、店長、何でしょう。

　　店長：ヌーさんのビザの更新は日本語学校でしてくれるの？

　　ヌー：はい。いま、そのための_____ _____ _____ _____ です。

　　　　　1 いる　　2 書いて　　3 書類を　　4 ところ

2）（友人に）

　　ニュンさん、_____ _____ _____ _____ ですか？

　　　　　1 これ　　2 昨日　　3 手紙は　　4 届いた

3 こんなときどう言いますか。（　　）の表現を使って文を作りましょう。

1）友人に、いま志望理由書を書いていることを伝える。（〜ているところ）

2）歯医者さんの予約はネットで簡単にできるので、ためしにやってみるとよいとアドバイスする。（〜てみるといい）

④学校

 大切なことば

日本語	中国語	ベトナム語	英語
宿題	作业	bài tập về nhà	homework
退屈	无聊	nhàm chán	boring
スマホ	智能手机	điện thoại thông minh	smartphone
アプリ	应用	ứng dụng	Apps
進路	打算	dự định tương lai	route
志望理由書	个人陈述	đơn trình bày nguyện vọng	statement of purpose
そっか	我明白了	Vậy à?	I see
だれもが	无论是谁	mọi người	everyone
面倒見がいい	会照顾人	chăm lo	takes care of
目的	目的	mục đích	purpose
意義	意义	ý nghĩa	significance
更新	更新	gia hạn	renewal
書類	文件	tài liệu	document
予約	预约	hẹn trước	reservation

会話　シーン❷　授業中

登場人物：留学生1（グエン）、留学生2（モハマド）、日本語学校の先生（先生）

1 教室は間違うところ

先生：はい。では、授業を始めます。教科書の222ページを開いてください。いいですか？　じゃ、モハマドさんとグエンさん、この会話を読んでください。モハマドさんはAさんね。

モハマド：はい。

先生：グエンさん、Bさんをお願いします。

グエン：はい。

（モハマドさんとグエンさんが教科書の「会話」を読む）

先生：はい、モハマドさん、グエンさん、ありがとうございます。上手に読めました。いま読んでもらったところで①何か質問はありませんか。

モハマド：先生、私が読んだAさんの中の「つまらない理由でけんかをした」は、②どういう意味ですか？

先生：だれかわかる人いますか？

グエン：はい。

先生：おっ、グエンさん。

グエン：③間違っているかもしれないんですが……。

先生：いいですよ。グエンさん、教室は間違うところですから。

グエン：「後から考えるとけんかするほどの大切な問題じゃなかったのに、④けんかをしてしまった」ということでしょうか？

先生：すばらしい！

モハマド：先生、「教室は間違うところです」の②意味はなんですか？

先生：それはね……（授業が続く）

文法・表現

❶ 何か質問はありませんか。

○ 自分が話したことに質問がないかどうかを聞く表現。

ていねい　何か質問はございませんか？

そのほかの表現　何かご質問があればどうぞ。／何かご質問があればお聞きください。

例　ここまでの話について、何か質問はございませんか？
　　何かご質問があれば、ご遠慮なく、お聞きください。

友だち　何か質問、ある？

そのほかの表現　何か質問あれば、遠慮しないで聞いてね。／何か質問あればしてね。

例　何か質問があれば、遠慮なく聞いてね。
　　何か質問あったら、聞いて。

❷ ～は、どういう意味ですか？／～の意味はなんですか？

○ わからないことばなどの意味をたずねる表現。「～」の部分にわからないことを入れて聞く。

ていねい　～は、どういう意味ですか？／～の意味はなんでしょうか？／～って、どういう意味ですか？／～はどういう意味でしょうか？　など

例　「ハヤトウリ」は、どういう意味ですか？
　　「遠慮のかたまり」の意味はなんでしょうか？
　　「草食系」って、どういう意味ですか？
　　これはどういう意味でしょうか？

友だち　～って、どういう意味？／～の意味って何？／～は、どういう意味？　など

例　「やばい」って、どういう意味？
　　「マジレス」の意味って何？

❸ 間違っているかもしれないんですが……

〇「〜かもしれない」は「その可能性がある」ということを表す表現。

> **ていねい**　〜かもしれません

> 例　いま出発すれば7時の飛行機に間に合うかもしれませんよ。

> **友だち**　〜かもしれない／〜かも

> 例　まだ終電に間に合うかもよ。
> あと10分待ってくれたら、いっしょに行けるかも。

❹ けんかをしてしまった。

〇「〜てしまった」は、自分にとってあまりよくない結果になったことを表す表現。

> **ていねい**　〜てしまいました

> 例　会社の書類をうちに忘れてきてしまいました。

> **友だち**　〜てしまった／〜ちゃった

> 例　プリンターのインクがなくなっちゃった。

練習問題 EXERCISES

➡解答 149 ページ

1 授業で、先生と学生が話しています。（　）に入れるのにもっともよいものを下から選び、会話を完成させましょう。

先生：「頭にくる」が（　1　）いう意味か知っている人いますか。

ヘシャン：はい。……でも違う（　2　）しれないんですが……。

先生：間違ってもいいですから、言って（　3　）ください。

ヘシャン：はい。「とても腹が立つ」と（　4　）意味じゃないですか。

先生：ピンポン、ピンポン、ピンポン。その通りです。

　　　　　a. かも　　　b. いう　　　c. どう　　　d. みて

2 下線部が正しい文になるように、1～4を並べましょう。

1）デュック：ハウさん、どうしたの？　元気ないね。

　　ハウ：シラさんと＿＿＿＿　＿＿＿＿　＿＿＿＿　＿＿＿＿んだ。

　　　　　1 けんか　　2 しまった　　3 して　　4 昨日

2）（車を運転しながら、横にいる友人に）

　　トゥイさん、ごめん、僕、＿＿＿＿　＿＿＿＿　＿＿＿＿　＿＿＿＿。

　　　　　1 間違えた　　2 道　　3 かもしれない　　4 を

3 こんなときどう言いますか。（　　）の表現を使って文を作りましょう。

1）自分のプレゼンテーションの後に質問がないかどうかを聞く。（〜はありませんか）

2）定期を家に忘れてきたことに、駅で気づいた。（〜てしまいました／〜てしまった）

 大切なことば

日本語	中国語	ベトナム語	英語
授業	上课	giờ học	class
教科書	教科书	sách giáo khoa	textbook
質問	提问	câu hỏi	question
けんか（喧嘩）	吵架	cãi nhau	argument
意味	意思	ý nghĩa	meaning
間違う	弄错	làm sai/ nhầm	make a mistake
可能性	潜力	khả năng	possibility
間に合う	来得及	kịp	to be in time for
終電	末班车	chuyến tàu cuối	last train

シーン❸　先生にお願いをする

登場人物：留学生（グエン）、日本語学校の先生（先生）

1 志望理由書をチェックしてもらう

グエン：先生、いま、よろしいですか？
　　　　　　①
先生：はい、少しならいいですよ。

グエン：実は、西東大学に願書を出そうと思っているのですが、志望理由書を書かなくてはなりません。

先生：そうだね。

グエン：書いてみたのですが、日本語に自信がなくて……。
　　　　②
先生：見ようか。
　　　③

グエン：お願いできますか？

先生：いつまでに見ておけばいいかな？

グエン：12月20日が締め切りなので、できれば、その1週間ぐらい前までに……。

先生：そうだ、この文をメールで送っておいてもらえないかな。そのほうがお互いに楽だと思うよ。
　　　　④

グエン：かしこまりました。このあと、すぐお送りします。

先生：じゃ、お願いするね。

グエン：はい。ありがとうございます。

文法・表現

❶ 先生、いま、よろしいですか？

○ 先生に、お願いしたいことがあるとき、話しかけるときに使う表現。「先生」の部分は、「小林さん」「部長」「店長」など、相手の名前や役職名が入る。「よろしいですか？」のほかに「いいですか？」という表現もある。

> 例 先生、いまちょっと、よろしいですか？
> 部長、ちょっと、よろしいですか？
> 田中さん、いまちょっと、いいですか？

❷ 書いてみたのですが、日本語に自信がなくて……。

○ 文を最後まで言わずに、相手にお願いする表現。上の文の場合は「自分の日本語には自信がないので、見ていただけませんか？」の「見ていただけませんか？」が省略されている。

> 例 今日の12時が締め切りなんですが、まだ終わらなくて（もう少し時間をいただけませんか？）……。
> 明日の打ち合わせの件なんですが、準備が全部できなくて（もう少し待っていただけませんか？）……。

❸ 見ようか。

○ 自分から何かを引き受けることを提案する表現。

ていねい 〜ましょうか

> 例 だれもやる人がいなければ、私がやりましょうか。
> 私でよければ、いっしょに行きましょうか。

友だち 〜うか

> 例 外、寒そうだから、買い物、私が行こうか。
> 私のでよければ、ペン、貸そうか。

❹ この文をメールで送っておいてもらえないかな。

○「〜てもらえないか」は、親しい人に、自分がしてほしいことをお願いする表現。

> 例 この手紙、ポストに入れてもらえないかな。
> 志望理由書のチェック、あと1日待ってもらえないかな。

column　トイレに行きたいときの「許可求め」のグラデーション

　日本語学校で授業をしているとかならず授業中にトイレに行きたいという学生さんがいます。まだ日本語を勉強し始めたころは「先生、トイレ」。それが、日本語の学習が進むと「先生、トイレ、いいですか」→「先生、トイレに行きたいです」→「先生、トイレに行ってもいいですか」→「先生、トイレに行かせてください」とだんだん文が長くなります。初級の最後になると「先生、トイレに行かせていただけないでしょうか」という文も作ることができるはずなのですが、なかなかこの表現は使ってくれません。

　中には「先生、トイレ行く、いいですか」といった、言いたいことはわかるけれども日本語としてはおすすめできない言い方のまま学習が止まっている人もいて心配になります。

　ていねいに言おうとして失敗する例は「先生、トイレに行っていただけませんか」。先生からは「私はトイレに行きたくありませんよ。行きたいのはあなたでしょ?」と言われ、教室の友だちからは笑われます。まあそんなクラスで教えるのが楽しいんですけれどもね。

練習問題 EXERCISES

➡解答 150 ページ

1 教室で、先生と学生が話しています。（　　）に入れるのにもっともよいものを下から選び、会話を完成させましょう。

グエン：先生、いま、（ 1 ）よろしいですか？
先生：うん、いいよ。何かな。
グエン：実は、大学院の研究計画書を（ 2 ）しているんですが。
先生：そうなんだ。
グエン：ここまでは自分で書いてみたのですが、日本語が合っているか自信がなくて……。
先生：じゃ、いちど私が見ようか？
グエン：（ 3 ）できますか。
先生：いつまでに見ておいてほしい？
グエン：（ 4 ）、1週間ほどで……。

　　a. お願い　　b. できれば　　c. 準備　　d. 少し

2 下線部が正しい文になるように、1～4を並べましょう。

1）ズン：店長、いま、ちょっといいでしょうか？
　　店長：あっ、何か頼みごとだな。
　　ズン：は、はい。実は、日曜日の午後の＿＿＿＿　＿＿＿＿　＿＿＿＿　＿＿＿＿……。
　　店長：休みたいっていうことだな。いいよ、休んで。
　　ズン：ありがとうございます！

　　1 なんですが　　2 バイトの　　3 シフトの　　4 こと

2）（友人に）

　　ヒエップさん、_____ _____ _____ _____。

　　1 手伝おうか　　**2** たいへん　　**3** 一人で　　**4** だったら

3 こんなときどう言いますか。（　　）の表現を使って文を作りましょう。

1）晩ごはんを自分が作ることを申し出る。（〜作ろうか／作りましょうか）

2）親しい人に借りたお金を返すのをもう1週間待ってほしいと頼む。
　　（〜もらえないかな）

大切なことば

日本語	中国語	ベトナム語	英語
自信	自信	sự tự tin	confidence
締め切り	期限	hạn chót	deadline
お互いに	互相	lẫn nhau/ qua lại	each other
楽（らく）	舒适/轻松	thoải mái/ dễ chịu	easy
打ち合せ	商量/碰头	cuộc hẹn/ cuộc họp	discussion
提案	提议	góp ý/ đề xuất	suggestion
シフト	移动/轮班	ca làm việc	shift
申し出る	提出/报名	đăng ký/ yêu cầu	offer

PART 5 会社

目標 会社で同僚と話したり、会議で報告したりする表現をおぼえる

①会社の同僚と、雑談をするときに使う表現をおぼえよう。
②会議で自分の仕事の報告をする表現をおぼえよう。
③仕事の場面でていねいなお願いをする表現をおぼえよう。

会話　シーン❶　会社に着いて同僚と話す

登場人物：ホストファーザー・田村勝昭（勝昭）、同期の社員・清水（清水）、勝昭と清水の上司の部長（部長）

1 会社に着いたあと、同僚と雑談をする

勝昭：おはよう。
清水：おはよう。昨日の日本代表、よくがんばったね。
勝昭：あっ、サッカーね。熱くなって、夜遅くまで見ちゃったよ。①
清水：俺もだよ。仕事中に居眠りしないように気をつけなきゃ。②
勝昭：居眠りといえば、今日会議があったよね？
清水：うん、2時からだったね。
勝昭：それまでにレポートまとめなきゃ！②
清水：（小さい声で）それにしてもうちの会社、会議多すぎると思わない？
勝昭：そうだね。SNSとか使って、もっと会議をしなくても、みんなの意見をシェアする方法はあるよね、きっと。
清水：うん。さあ、コーヒー飲みながらメールチェックといきますか。飲む？③
勝昭：あっ、お願いできる？　ありがとう。
勝昭：「砂糖なし、クリームあり」だよね。
清水：その通り。

2 上司に呼ばれて仕事について聞かれたり答えたりする

（社内電話で）
勝昭：はい、田村です。

部長：おお。田村くん、ちょっと来てくれるかな。

勝昭：かしこまりました。ただいままいります。

〉〉〉〉〉

（部長の部屋で）

部長：このあいだの出張報告書、読ませてもらったけど……。

勝昭：はい。

部長：A4一枚でこちらが知りたいことが全部書かれていて、素晴らしかったよ。

勝昭：（ホッとして）あ、ありがとうございます。

部長：ところで、このあいだお願いした新しいプロジェクトの企画書はどうかな？

勝昭：ははっ、八分通りできているのですが……。

部長：まあ、まだ時間はある。いいものを期待してるから、④よろしく頼むよ。

勝昭：はい、頑張ります。

部長：そうそう、君に任せているインターンの陳さんの仕事ぶりはどうかな。

勝昭：はい、真面目に仕事に取り組んでくれています。素直な性格で、間違いを指摘しても、嫌な顔ひとつせず従ってくれるので⑤指導のしがいがあります。

部長：それは何より。引き続き、厳しく、優しくお願いするよ。

勝昭：かしこまりました。

文法・表現

❶ 夜遅くまで見ちゃったよ。

〇「〜ちゃう／〜ちゃった」は「〜てしまう／〜てしまった」を短くした言い方。親しい人との会話でよく使われる。

例　おいしそうなケーキを見るとつい買っちゃう。
　　秋葉原にあるアニメグッズのお店、昨日も行っちゃったよ。

❷ 居眠りしないように気をつけなきゃ。／それまでにレポート、まとめなきゃ！

○「～なきゃ」は「～なければならない」を短くした言い方。親しい人との会話でよく使われる。

> 例　宿題、やらなきゃ。
> 　　ごはん、炊かなきゃ。
> 　　銀行、行かなきゃ。

❸ 飲む？

○「あなたも飲みますか？　もし飲むならあなたの分も持ってきますよ」というような内容を親しい人に短く伝える表現。文の最後の部分はイントネーションを上げて言う。

> 例　食べる？
> 　　行く？

❹ よろしく頼むよ。

○上司が部下に仕事を頼むときによく使われる表現。「期待している」という気持ちを伝える。親しい人を励ますときにも使う。

> 例　(上司が部下に)このプロジェクトには会社の運命がかかってるんだ。よろしく頼むよ。
> 　　(上司が部下に)今度こそ失敗しないように頼んだよ。
> 　　(親しい同僚に)あしたもこの調子でよろしく頼むよ。

❺ 指導のしがいがあります。

○「～がいがある」は「～する値打ちがある」「～やっていて意味がある」という意味を表す。

> 例　あんなにおいしそうに食べてくれたら作りがいがある。
> 　　こちらが教えがいを感じるほど成績が伸びた。

練習問題 EXERCISES

➡解答 150 ページ

1 会社で部長と部下が話しています。（　）に入れるのにもっともよいものを下から選び、会話を完成させましょう。

部長：このあいだ頼んでおいた報告書は（ 1 ）かな？
部下：はい、まだ半分くらいしか書けて（ 2 ）んですが……。
部長：先週が締め切り日（ 3 ）はずだよ。こっちは待っているんだから、しっかり頼むよ。
部下：はい、申し訳（ 4 ）。

a. だった　　b. いない　　c. ありません　　d. どうなってる

2 下線部が正しい文になるように、1〜4を並べましょう。

1）社員：昨日の夜遅くまで、テレビでサッカーを見てたから、今朝、＿＿＿＿＿＿＿＿＿＿＿＿＿＿＿＿＿＿＿よ。

1 寝過ごしそうに　　2 起きられ　　3 なっちゃった　　4 なくて

2）（出し忘れていた大事な手紙に気づいて）
あ、いけない！　これ、あしたまでに＿＿＿＿＿＿＿＿＿＿＿＿＿＿＿＿＿！

1 出さ　　2 ように　　3 なきゃ　　4 届く

3 こんなときどう言いますか。（　）の表現を使って文を作りましょう。

1）最後に帰る人が鍵をかけるのを忘れないように依頼する。（よろしく頼む）

2）泊まりにきた友人に、お風呂に入りたいかどうか、聞く。(入る)

大切なことば

日本語	中国語	ベトナム語	英語
日本代表	日本国家队队员	đại diện từ Nhật Bản	representative from Japan
熱くなる	变热 / 热起来	nóng lên	heat up
居眠り	瞌睡 / 打盹儿	ngủ gật	snooze
会議	会议	hội nghị	conference
レポート	报告	báo cáo	report
SNS	SNS/ 社交网络	SNS	SNS
シェアする	分享	chia sẻ	to share
上司	上司	sếp/ cấp trên	boss
出張報告書	出差报告	báo cáo chuyến công tác	business trip report
素晴らしい	精彩	tuyệt vời	great
ホッとする	松了一口气	cảm thấy nhẹ nhõm	feel relieved
こないだ	前几天	gần đây/ mới đây	the other day
プロジェクト	项目	dự án	project
企画書	计划书 / 企划书	bản kế hoạch	proposal
八分通り	八成左右 / 大体	khoảng 80%	most / almost
期待する	期待	mong đợi	expect
任せる	交给 / 托付	giao phó	entrust
インターン	实习生	thực tập	Intern
仕事ぶり	工作表现	cách làm việc	job performance
真面目	认真	nghiêm túc	serious
取り組む	解决	nỗ lực/ chuyên tâm	tackle
素直	直率 / 老实	ngoan ngoãn/ thật thà	obedient / honest
性格	性格 / 脾气	tính cách	personality
間違い	错误	sai lầm/ lỗi	mistake
指摘する	指出	chỉ ra	point out
嫌な顔（ひとつせず）	没有一丝不乐意的表情	vẻ mặt khó chịu	to not be offended
従う	跟随	theo	follow
指導	指导	chỉ đạo/ hướng dẫn	coaching
何より	最好 / 首要	hơn tất cả mọi thứ	most importantly
厳しい	严重 / 严峻	nghiêm khắc	strict
優しい	温和	hiền lành/ tốt bụng	gentle

会話　シーン❷　会議

登場人物：ホストファーザー・田村勝昭（勝昭）、インターンの陳さん（陳）、勝昭の同期の社員・清水（清水）、勝昭と清水の上司の部長（部長）

1 プロジェクトの報告

勝昭：では、時間になりましたので、会議を始めたいと思います。じゃ、まず、陳さんにお願いしているプロジェクトの進捗状況から報告してもらおうか。

陳：はい。昨日までに部品の製造をお願いできそうな企業のリストアップが終わりました。どこにお願いするのがよいか、あとで田村課長にご相談できればと思っています。お時間、いただけるとありがたいのですが……。
①

勝昭：わかった。じゃ、このあと、話そう。

陳：ありがとうございます。3社ぐらいに絞ったら、相見積もりを取って、最終的にどこに発注するか、決めたいと考えています。

部長：いまのところ、陳さんのプロジェクトに関しては、特に問題はなさそうかな。

陳：はい、いまのところは大丈夫です。
②

部長：清水くんのチームのほうはどうかな？

清水：はい。実は、スケジュールが全体的に遅れていまして……。予算に合う業者は見つかったのですが、そこまでに時間がだいぶかかってしまいました。
③

勝昭：発注書のまとめを急げば、遅れは取り戻せるんじゃない？

清水：ええ。技術チームにはできるだけ急いでもらうようにお願いしてます。
④

部長：最終的に間に合いそうかね？

清水：なんとか間に合うとは思います。ただ、技術チームにはかなり負担をかけることになると思うので、部長からも一言、お願いできるとありがたいです。
⑤

部長：わかった。あとで技術チームの田中くんに、僕のほうからもお願いしておくよ。

清水：助かります、部長。

文法・表現

❶ お時間、いただけると、ありがたいのですが……。

○「〜（て）いただけると、ありがたいのですが……。」は、相手にしてほしいことを、とてもていねいにお願いする表現。「〜ですが……。」と文を最後まで言わない。

> 例 この書類、ファイルしておいていただけると、ありがたいのですが……。
> 明日までに、書類を送っていただけると、ありがたいのですが……。

❷ いまのところは大丈夫です。

○仕事の進み具合などを聞かれ、特に問題などがないときに使う表現。

そのほかの表現
・いまのところ、特に問題ありません。
・特に問題はございません。
・順調に進んでいます。

❸ 予算に合う業者は見つかったのですが、そこまでに時間がだいぶかかってしまいました。

○「〜が、〜てしまいました」は、結果的にはうまくいったが、それが原因でほかの問題も起きたということを伝える表現。

> 例 納期に間に合うことは間に合ったのですが、かなり遅い時間になってしまいました。

❹ できるだけ急いでもらうようにお願いしてます。

○「できるだけ」は、可能な限りという意味。お願いや命令の場合、「急いでください」と、ストレートにいうよりも、「できるだけ」や「なるべく」などの言葉を前につけて言うことが多い。また、「〜もらえるでしょうか？」「〜もらえますか？」も、ていねいなお願いの言い方として、よく使われる。

> 例 できるだけ早くやってもらえるでしょうか？
> なるべく急いでもらえますか？

❺ なんとか間に合うとは思います。ただ、……

〇自分の予測や見通しを伝える言い方。「ただ、」以下では、そのときに起きるかもしれないほかの予想を付け加える言い方。

> 例 引き受けてくださるとは思います。ただ、かなり高額な料金になります。
> かなり厳しい状況だとは思います。ただ、まったくダメということではありません。

---

column　会議で使うことばはオトナ語？

　私が大阪から東京に来て働き始めた会社では、大阪にいたときには聞いたことのなかった言葉がたくさんありました。その一つが「午後イチ」。「それじゃ、例の件の打ち合わせ、午後イチでやりましょう」のように使います。「お昼の休憩が終わったらすぐに」のような意味で使われていたのだと思いますが、はっきりとはわかりません。しかし「午後イチに」と言われた人が「午後イチというのは何時ですか？」と質問しているのを聞いたことはありませんでした（笑）。

　こういう言い方は糸井重里さんによってオトナ語と名付けられました。他にも「なるはや」＝「なるべくはやく」、「ペンディング」＝「いまは決めないで、また今度考えよう」などがあります。いまは私もこれらの表現をフツウに使えるようになりました。

練習問題　EXERCISES

→解答 151 ページ

1 会社の会議で、部長と部下が話しています。（　）に入れるのにもっともよいものを下から選び、会話を完成させましょう。

部長：ハイさんのプロジェクト、進捗状況はどうですか？

ハイ：はい、やっと発注する業者が（　1　）。あとは、正式な契約を結んだら、生産に入って（　2　）。

部長：特に（　3　）はなさそうかな？

ハイ：ええ、いまのところ、（　4　）です。

部長：じゃ、引き続き、よろしく頼むよ。

ハイ：かしこまりました。

　　　a. 問題　　b. もらいます　　c. 順調　　d. 決まりました

2 下線部が正しい文になるように、1～4を並べましょう。

1）社長：坂本くん、会議の資料の準備はどうかね？

　　坂本：はい、ほぼできているのですが、あともう半日、＿＿＿＿＿＿＿ ＿＿＿＿＿＿＿ ＿＿＿＿＿＿＿ ＿＿＿＿＿＿＿ のですが……。

　　　　1 いただける　　2 ありがたい　　3 と　　4 お時間を

2）作るだけは作ってみたのですが、細かい部分が ＿＿＿＿＿＿＿ ＿＿＿＿＿＿＿ ＿＿＿＿＿＿＿ 。

　　　　1 なって　　2 しまいました　　3 だいぶ　　4 雑に

3 こんなときどう言いますか。（　　）の表現を使って文を作りましょう。

1）報告書を今日中に提出できるが、とても遅い時間になることを伝える。
（～とは思います。ただ～）

_____

2）可能な限り、ていねいに作業をしてほしいと、お願いする。（できるだけ）

_____

 大切なことば

⑤会社

日本語	中国語	ベトナム語	英語
プロジェクト	项目	dự án	project
進捗状況	进展	tiến độ	progress
報告する	报告	báo cáo	report
部品	零件	bộ phận/ linh kiện	parts
製造	制造	sản xuất	manufacture
企業	企业	công ty	company
リストアップ	列出来	lên danh sách	list
絞る	挤／缩小范围	vắt	squeeze
相見積もり	多家报价	so sánh báo giá	competitive quotes
発注する	订购	đặt hàng	order
スケジュール	时间表／预定计划表	lịch trình	schedule
予算	预算	dự toán/ ngân sách	budget
合う	匹配	khớp với/ hợp với	match
業者	从业者	cơ sở kinh doanh	trader
負担をかける	增加负担	gánh vác/ gánh chịu	put a strain on
ファイルする	作成文件	làm tập tài liệu	file
順調	顺利	thuận lợi	do fine
納期	交货日期	hạn chót	delivery date
正式な	正式的	chính thức	formal
契約	协定、合同	hợp đồng	contract
半日	半天	nửa ngày	half a day
雑な	粗糙的	qua loa/ đại khái	rough

PART 6 食事に行く

目標 友だちを誘って、学食やレストランで食事をする表現をおぼえる

・友だちを誘う表現をおぼえよう。
・学食やレストランで、食べたいものを注文する表現をおぼえよう。
・注文と違うものがきたときの表現や料金を払うときの表現をおぼえよう。

会話　シーン❶　学食で食べる

登場人物：留学生（グエン）、インドネシアからの留学生デヴィさん（デヴィ）、学食の人、学食の会計（会計）

1 友だちをランチに誘う

グエン：デヴィさん、ランチ、いっしょに食べませんか？ いつもどこで食べるんですか？
　　　　　　　　　　　　　　①

デヴィ：学食です。

グエン：学食の料理はおいしいですか？

デヴィ：ええ、安いですし、それにハラール食があるので。

グエン：ああ、デヴィさんは宗教上、食べてはいけないものがあるんでしたね。
　　　　　　　　　　　　　　　　　②

デヴィ：はい、そうなんです。この学校は、ちゃんと用意してくれていますから助かります。

グエン：私も今日は学食で食べます。いっしょに食べてもいいですか？
　　　　　　　　　　　　　　　　　　　　③

デヴィ：ええ、もちろんです。いっしょに行きましょう。

2 学食で注文する

グエン：デヴィさん、ハラール食は、あっちのコーナーですね。席はとっておきますよ。

デヴィ：ありがとう。

≫≫≫≫≫≫

グエン：すみません、カレーのAセット、お願いします。

学食の人：カレーのAね。サラダはそっちのテーブルにあるから自分で取ってくださいね。ドレッシングも選んでね。

グエン：はい。

会計：カレーのAセット、350円ね。

グエン：（500円を出す）

会計：はい、おつり。

文法・表現

❶ いっしょに食べませんか？

○「〜ませんか」は、だれかを誘う表現。ていねいに誘う言い方。

> **ていねい**　〜ませんか？

> 例 いっしょに映画を見にいきませんか？
> 今度、うちに遊びにきませんか？

> **友だち**　〜ない？

> 例 あした、いっしょに動物園に行かない？
> いっしょにサッカーやらない？

❷ 食べてはいけないものがあるんでしたね。

○「〜てはいけない」は、してはだめです、という意味。「〜てはいけないものがあるんでしたね」は、何かの理由で、してはいけないことになっているものやできごとを確認する表現。

> **ていねい**　〜てはいけません

> 例 図書館では、大きな声で話してはいけません。
> ここで、たばこを吸ってはいけません。

> **友だち**　〜てはいけないよ／〜ちゃだめだよ

> 例 そこに自転車をとめてはいけないよ。
> 大事な書類は、鉛筆で書いちゃだめだよ。

❸ いっしょに食べてもいいですか？

○「いっしょに〜てもいいですか？」は、自分も相手と同じことをしてよいかを聞く表現。

> **ていねい**　いっしょに〜てもいいですか？
>
> 例　いっしょに座ってもいいですか？
> 　　いっしょにテレビを見てもいいですか？
>
> **友だち**　いっしょに〜てもいい？
>
> 例　いっしょにゲームやってもいい？
> 　　いっしょに秋葉原、行ってもいい？

🌳 column　食べてはいけないものかどうかを確認する

宗教やアレルギー、飲んでいる薬などによって、食べてはいけないものがある人もいるでしょう。食べ物に、自分が食べてはいけないものが入っているかどうかを、確認する言い方をおぼえておくとよいでしょう。

● **この料理、「○○○」は入っていますか。**
　例　この料理、「牛肉」は入っていますか。

● **この料理、「○○○」を使っていますか。**
　例　この料理、「卵」を使っていますか。

● **これは、何の「○○○」ですか。**
　例　これは、何の「肉」ですか。／これは、何の「ジュース」ですか。

練習問題 EXERCISES

➡解答 152ページ

1 食堂で、店員と客が話しています。（　）に入れるのにもっともよいものを下から選び、会話を完成させましょう。

客：すみません、カレーとサラダのセット（　1　）。

店員：カレーとサラダですね。ドレッシングはそちらのテーブルにありますので、（　2　）にお取りください。

客：はい。

店員：カレーとサラダのセット、720円いただきます。

客：じゃ、1,000円で。

店員：では、（　3　）の280円になります。

客：はい。

店員：まいど（　4　）。

　　a. ご自由　　b. ありがとうございます　　c. お願いします　　d. おつり

2 下線部が正しい文になるように、1〜4を並べましょう。

1）林：お昼は？

　タン：私は、いつもお昼_____ _____ _____ _____ 。

　　1 学食　　2 食べます　　3 で　　4 を

2）（ハラール食を探している友人に）

　ズンさん、_____ _____ _____ _____ にありますよ。

　　1 ハラール食　　2 コーナー　　3 あちらの　　4 は

⑥食事に行く

083

3 こんなときどう言いますか。(　　)の表現を使って文を作りましょう。

1）いっしょにカラオケに行こうと誘う。(～ませんか／～ない？)

___

2）相手に、宗教上の理由で食べられないものがないかを聞く。(～てはいけない)

___

日本語	中国語	ベトナム語	英語
学食	学校食堂	căng tin trường	school cafeteria
ハラール食	清真食品	các món ăn Halal	Halal food
宗教上	宗教的	về mặt tôn giáo	on religious grounds
(学食の) 会計	收银台	thu ngân	cashier
(席を) とる	占座	chọn chỗ ngồi	to take a seat
サラダ	沙拉	món salad	salad
おつり	找零	tiền thừa/ tiền thối lại	change
ドレッシング	调味汁	nước sốt	dressing
選ぶ	选择	chọn	choose
動物園	动物园	sở thú	zoo
鉛筆	铅笔	bút chì	pencil
カラオケ	卡拉OK	karaoke	karaoke

会話 シーン❷ 外に食べに行く——注文する

登場人物：留学生（グエン）、日本人の友だち・佐藤さん（佐藤）、カフェの店員（店員）

1 外に食事に行く

佐藤：グエンさん、お昼どうするの？

グエン：外に食べに行こうと思います。

佐藤：じゃ、よかったら、いっしょに行かない？

グエン：ええ、いっしょに行きましょう。

佐藤：①何か、食べたいもの、ある？

グエン：うーん、なんでも。

佐藤：そうしたら、このあいだ、できた新しいカフェ、行ってみない？　ランチが安くておいしいんだって。

グエン：いいですね。行ってみましょう。

2 店に入って注文する

店員：いらっしゃいませ。何名さまですか？

グエン：2人です。

店員：ランチタイムは禁煙になりますが、よろしいですか？

グエン：はい、大丈夫です。

店員：では、こちらへどうぞ。

（メニューを見ながら）

佐藤：ええと、ランチはパスタとサンドイッチ、それと日替わりの3種類か。日替わりはなんだろうね。店員さんに聞いてみよう。すみませーん！

店員：はい、ご注文、お決まりですか。

佐藤：②いえ、今日の日替わりランチは何ですか？

店員：本日は、エビのドリアになります。

佐藤：そうですか。じゃ、僕はそれを。

グエン：私はパスタをお願いします。
店員：かしこまりました。お飲み物はいかがなさいますか？
　　　③
佐藤：僕はホットコーヒーをお願いします。
グエン：私はアイスミルクティーをお願いします。
店員：お飲み物は、いつお持ちしましょうか？
　　　　　　　　　④
佐藤：食後で。
店員：かしこまりました。それと、デザートはいかがいたしましょうか？
　　　こちらの3つの中からお選びいただけますが……。
佐藤：ええと、じゃ、僕はアイスクリームを。
グエン：私も同じのを、お願いします。
　　　⑤
店員：かしこまりました。

column　食べ物のおいしさを表現する言い方

「ふわふわ」「とろとろ」など、食べ物のおいしさを言い表すときに使うことば(オノマトペ)を紹介しましょう。友だちと食事に行ったときに使ってみてはどうでしょうか。

- **もちもち (もっちり)**：やわらかいけれど、歯でかんだときに、少しかみごたえがあるものに使います。
  例 もちもちのおもち。もっちりしたパン
- **ふわふわ (ふわっふわ)**：やわらかく、空気をたくさん含んで膨らんでいる感じのものに使います。
  例 ふわふわの生クリーム。外はかりかり、中はふわふわの食パン
- **とろとろ (とろっとろ)**：温度が高い液体の食べ物で、少しねばり気がある食べ物に使います。
  例 とろとろのクリームシチュー。とろとろのオムライス

文法・表現

❶ 何か、食べたいもの、ある?

○おもに、友だちや親しい人に対して、何をしたいか、たずねる表現。

何/どこ/だれ/+か+〜たいもの/ところ/人+ある?

例 行きたい場所をたずねる:どこか、行きたいところ、ある?
やりたいことをたずねる:何か、したいこと、ある?
会いたい人をたずねる:だれか、会いたい人、いる?

ていねい　何か、食べたいものはありますか。

❷ 今日の日替わりランチは何ですか?

○「今日の〜は何ですか?」は、その日の食事について、たずねたいときに便利な表現。

例 今日のパスタは何ですか?
今日のケーキは何ですか?
今日のAランチは何ですか?

❸ かしこまりました。

○相手の言ったことがわかったことを、とてもていねいに伝える表現。

※店員が客に対して使うことが多い。また、目上の人や会社の上司、先生に対して使うこともある。ほかの表現として「承知いたしました」「承知しました」がある。

❹ いつお持ちしましょうか?

○「いつ+お+動詞のます形+しましょうか」は、いつ、あることをすればいいかを確認する謙譲表現。

❺ 私も同じのを、お願いします。

○注文など、人と同じものを頼むときに便利な表現。

例 私も同じものを、お願いします。
じゃあ、私も。

練習問題　EXERCISES
➡解答 152 ページ

1 レストランで、客が注文をしています。（　　）に入れるのにもっともよいものを下から選び、会話を完成させましょう。

店員：お飲み物はいかがなさいますか？
客1：僕はホットコーヒー。
客2：私はアイスミルクティーを（　1　）。
店員：お飲み物は、いつ（　2　）？
客1：食後で。
客2：私はのどが渇いているので（　3　）。
店員：（　4　）。

　a. すぐに　　b. お持ちしましょうか　　c. かしこまりました　　d. お願いします

2 下線部が正しい文になるように、1〜4を並べましょう。

1）友だち：僕は、Bランチ、お願いします。
　　自分：じゃあ、＿＿＿＿　＿＿＿＿　＿＿＿＿　＿＿＿＿。

　　　　1 私　　2 同じのを　　3 お願いします　　4 も

2）（客に、ランチタイムは禁煙になることを伝える）
ランチタイムは＿＿＿＿　＿＿＿＿　＿＿＿＿　＿＿＿＿。

　　　　1 禁煙　　2 よろしいでしょうか　　3 が　　4 になります

3 こんなときどう言いますか。（　　）の表現を使って文を作りましょう。

1) 見たい映画があるかどうか、聞く。（何か～たい）

2) 今日のデザートは何か、聞く。（～は何ですか？）

大切なことば

日本語	中国語	ベトナム語	英語
カフェ	西餐馆	quán cà phê	cafeteria
ランチタイム	午餐时间	giờ ăn trưa	lunch time
禁煙	禁止吸烟	cấm hút thuốc	non smoking
パスタ	意大利面	mỳ Ý	pasta
サンドイッチ	三明治	bánh sandwich	sandwich
日替わり	每日一换	sự thay đổi theo ngày	daily
（エビ）ドリア	（鲜虾）焗饭	món cơm Doria (tôm)	doria
ホットコーヒー	热咖啡	cà phê nóng	hot coffee
アイスミルクティー	冰奶茶	trà sữa đá	iced tea with milk
食後	餐后	sau bữa ăn	after eating
デザート	甜点	tráng miệng	dessert
アイスクリーム	冰淇淋	kem	ice cream

会話 シーン❸ 外に食べに行く——食事中

登場人物：留学生（グエン）、日本人の友だち・佐藤さん（佐藤）、カフェの店員（店員）

1 食事が運ばれてきて

店員：お待たせしました。エビドリアをご注文のお客さま。

佐藤：はい、私です。

店員：こちら、お皿が大変熱くなっておりますので、お気をつけください。それと、こちらはパスタランチです。

グエン：はい、ありがとう。

店員：では、ごゆっくりお召し上がりください。

佐藤：おいしそう！　<u>いただきます。</u>①

グエン：いただきます。

佐藤：あつっ！　舌をやけどしそうだ。

グエン：ははは、気をつけましょうね、佐藤さん。

佐藤：ふーふーしながら食べるか。

2 デザートと飲み物

佐藤：そろそろデザート、お願いしようか。すみませーん！　デザートと飲み物、お願いします。

店員：はい、<u>少々、お待ちください。</u>②

〉〉〉〉〉〉

店員：お待たせしました。ホットコーヒーのお客さま。

佐藤：はい。

店員：アイスミルクティーはこちらですね。デザートはミニケーキのお客さまは……。

グエン：あれ、<u>ミニケーキは頼んでいませんよ。アイスクリーム2つ頼んだはずですが……</u>③。

店員：失礼しました。確認してまいります。

090

店員：大変失礼いたしました。こちらアイスクリーム2つですね。ご注文のお品物はおそろいでしょうか？
佐藤・グエン：はい。
店員：ごゆっくりどうぞ。

文法・表現

❶ いただきます。

○ 食事を食べる前に言うあいさつの表現。家で食事をするときも使う。

※食べ終わったときは「ごちそうさまでした」「ごちそうさま」という。

→ 96ページ参照

❷ 少々、お待ちください。

○「待ってください」のていねいな言い方。店員などがお客さんに対して使うことが多い。

※前に、「恐れ入りますが」「申し訳ございませんが」などを付けると、さらにていねいになる。

❸ ミニケーキは頼んでいませんよ。

○ 自分は注文していないことを伝える表現。

ていねい 〜は頼んでいません（よ）。

例 コーヒーは頼んでいません。

友だち 〜は頼んでいない（よ）。

例 サラダは頼んでいないよ。

❹ アイスクリーム２つ頼んだはずですが……。

〇自分が注文したものと違うことをていねいに伝える表現。最後まで文を言わないで、「(なん) ですが……」と、途中で文を止めるのがポイント。

> **ていねい**　ドリアじゃなくて、カレーをオーダーしたはずですが……。
> あれ、あんみつじゃなくて、クリームみつまめを頼んだはずですが……。

※「〜はずなんですが……。」も使われる。

> **例**　抹茶アイスじゃなくて、バニラアイスを頼んだはずなんですが……。

---

column　和のデザート

食後やおやつに食べるデザート。皆さんの国には、どんなデザートがありますか。日本にも、さまざまなデザートがあります。紹介しましょう。

- **あんみつ：**「みつまめ」という豆と、海藻から作った「寒天」というものをサイコロぐらいの大きさに切って入れ、その上にあんこをのせた食べ物。その上にフルーツやアイスクリームなどをのせることもあります。
- **練りきり：** 白あんに色をつけて、花や果物、季節の小物などの形にしたもの。和菓子のお店には、季節によって、さまざまな練りきりが並びます。
- **ようかん：** あんこに砂糖と寒天を入れて混ぜ、固めた食べ物。砂糖がたくさん入っていて、とても甘いお菓子です。
- **さくらもち：** さくらの花の色のピンクの皮の中であんこを包んだ形のお菓子。皮の外側に、桜の葉を塩漬けしたものが巻かれていることもあります。

練習問題　EXERCISES　　➡解答 153 ページ

1 カフェで、店員が料理を運んできました。店員のことばとして、(　　)に入れるのにもっともよいものを下から選び、会話を完成させましょう。

店員：(　1　)、ドリアを(　2　)お客さま。
客1：はい、私です。
店員：こちら、お皿が大変熱くなっておりますので、(　3　)。それと、こちらはパスタランチです。
客2：はい、ありがとう。
店員：では、ごゆっくり(　4　)。

a. お召し上がりください　b. お気をつけください　c. お待たせしました　d. ご注文の

2 下線部が正しい文になるように、1〜4を並べましょう。

1）(店員を呼んで、デザートにケーキと紅茶を注文する)
すみません、＿＿＿＿ ＿＿＿＿ ＿＿＿＿ ＿＿＿＿。

　　1 ケーキと　　2 紅茶　　3 お願いします　　4 を

2）(頼んでいないアイスクリームがきた)
すみません、＿＿＿＿ ＿＿＿＿ ＿＿＿＿ ＿＿＿＿よ。

　　1 アイスクリーム　　2 頼んで　　3 は　　4 いません

こんなときどう言いますか。(　　)の表現を使って文を作りましょう。

1) コンビニのレジで、客に頼まれたことがわからないため、店長に確認するまで待ってもらう。(～お待ちください)

2) お店の人に「自分が頼んだのは、パスタではなく、エビドリアだ」と、ていねいに伝える。(～を頼んだはずですが……／～を頼んだはずなんですが……)

日本語	中国語	ベトナム語	英語
ドリア	焗饭	món cơm Doria	doria
お召し上がりください	请享用	xin mời dùng	help yourself
飲み物	饮料	đồ uống	drinks
カレー	咖喱	món cà ri	curry
オーダーする	点单	gọi món	order

会話 シーン❹ 外に食べに行く――料金の支払い

登場人物：留学生（グエン）、日本人の友だち・佐藤さん（佐藤）、カフェの店員（店員）

1 会計をお願いする

佐藤：ドリア、少し味が濃い感じがしたな。パスタはどうだった？
　　　　　　　　　　　　　　　　　　　　①
グエン：とてもおいしかったです。

佐藤：あ、ゆっくりしてたらもうこんな時間だ。午後の授業始まっちゃう。お会計はテーブルって、ここに書いてあるね。

グエン：そうですね。パスタランチは税込みで 850 円。

佐藤：日替わりは 900 円か。グエンさん、ちょうど 850 円、ある？　あれば まとめて僕が払うよ。

グエン：あ、あります。はい、850 円です。

佐藤：すみませーん、お会計、お願いします。
　　　　　　　　　　②
店員：はい、ただいま、まいります。
　　　③

店員：お会計は別々になさいますか？

佐藤：いえ、まとめてで大丈夫です。

店員：そうしましたら、1,750 円になります。

佐藤：はい、じゃ 2,000 円で。

店員：2,000 円、お預かりします。ただいま、おつりをお持ちしますので、少々お待ちください。
　　　④

>>>>>>

店員：お待たせしました。こちら、おつりと領収書です。

佐藤：ありがとうございます。ごちそうさまでした。
　　　　　　　　　　　　　　⑤
グエン：とてもおいしかったです。ごちそうさまでした。

店員：またお待ちしております。

文法・表現

❶ パスタはどうだった？

○「〜はどうだった？」は、食べ終わったものの味など、終わったものやできごとについて相手の感想を聞く表現。

> **ていねい**　〜はどうでしたか？
>
> 例　美術館はどうでしたか？
> 　　旅行はどうでしたか？
>
> **友だち**　〜はどうだった？
>
> 例　デートはどうだった？
> 　　夕べの台風はどうだった？

❷ お会計、お願いします。

○食事が終わって、料金がいくらか知りたいときに、店員に言う表現。

> 例　お会計、お願い。

❸ はい、ただいま、まいります。

○すぐに行くことをていねいに伝える表現。

※そのほか、「ただいまうかがいます」などの言い方もある。

❹ 2,000円、お預かりします。

○客から預かったお金を、その金額を言って確認する表現。

> 例　1,500円、お預かりします。
> 　　1万円、お預かりいたしましたので、おつりは2,000円ですね。

❺ ごちそうさまでした。

○食事が終わったときに言うあいさつの表現。家で食事をするときも使う。

※食べる前は「いただきます」という。→ 91ページ参照

練習問題 EXERCISES

➡解答 153 ページ

1 レストランで、客が会計しようとしています。（　）に入れるのにもっともよいものを下から選び、会話を完成させましょう。

客1：すみませーん、お会計をお願いします。
店員：はい、（　1　）まいります。
客1：ここは僕が（　2　）払うよ。
客2：じゃ、後で私の分、払いますね。
店員：お会計は（　3　）なさいますか？
客1：いえ、まとめてで大丈夫です。
店員：そうしましたら、2,000 円に（　4　）。
客1：じゃ、2,000 円。

　　　a. まとめて　　b. なります　　c. ただいま　　d. 別々に

2 下線部が正しい文になるように、1〜4を並べましょう。

1）客：はい、じゃ 10,000 円で。
　　店員：10,000 円、お預かりします。
　　　　　ただいま、＿＿＿＿ ＿＿＿＿ ＿＿＿＿ ＿＿＿＿ お待ちください。

　　　　　1 お持ち　　2 おつりを　　3 少々　　4 しますので

2）（自分が食べた料理の感想を言い、相手に料理の感想を聞く）
　　私のパスタは＿＿＿＿ ＿＿＿＿ ＿＿＿＿ ＿＿＿＿ はどうでしたか？

　　　　　1 が　　2 おいしかった　　3 です　　4 ドリア

⑥食事に行く

3 こんなときどう言いますか。(　　) の表現を使って文を作りましょう。

1) 会計をしてほしいと店員にお願いする。(すみません、お会計～)

_____

2) レストランで、会計して店を出るときに、店員にあいさつと感想を言う。
(ごちそうさまでした＋感想)

_____

 大切なことば

日本語	中国語	ベトナム語	英語
テーブル	桌子	cái bàn	table
税込み	含税	đã bao gồm thuế	tax included
日替わり	每日一換	sự thay đổi theo ngày	daily
お会計	结帐	tính tiền	check
ちょうど	恰好	vừa đúng/ vừa lúc	just
まとめて	一起	tổng lại/ gom lại	collectively
別々に	分別	riêng biệt/ riêng ra	separately
おつり	找零	tiền thừa/ tiền thối lại	change
領収書	收据	biên lai/ hóa đơn	receipt

文法コラム❸ 気持ちが表れる短い表現

　この本に登場する会話は、できるだけ実際に話されるのと同じように書きました。そのため、会話が次のような短いことばで始まっているものがたくさんあります。それらはそれぞれ、その人の「喜び」「驚き」「気づき」「うれしさ」「がっかり」「緊張」……などの素直で正直な気持ちが表されたものと考えてよいでしょう。

　次のことばが、どんな場面のどんな気持ちを表したものかを考えて読んでみてください。

- わあ（、素敵なおうちですね）。　⇒ 12 ページ
- よかった〜。　⇒ 16 ページ
- やったー　⇒ 21 ページ
- ええ〜　⇒ 21 ページ
- う〜ん。　⇒ 23 ページ
- あ、はい。　⇒ 38 ページ
- おう。（グエンさんも気をつけて）。　⇒ 51 ページ
- そうだった！　⇒ 56 ページ
- そっか。　⇒ 56 ページ
- おっ（、グエンさん）。　⇒ 60 ページ
- そうだ（、この文をメールで送っておいてもらえないかな）。　⇒ 65 ページ
- あっ（、お願いできる）。　⇒ 70 ページ
- あ、ありがとうございます。　⇒ 71 ページ
- ははっ（、八分通りできているのですが……）。　⇒ 71 ページ
- そうそう（、君に任せているインターンの陳さんの仕事ぶりはどうかな）。　⇒ 71 ページ

　どうですか。短いことばですが、上手に気持ちを込めて読むのがむずかしいかもしれませんね。
　「あ、ありがとうございます」の「あ、」は、ほめられて「うれしい」「ほっとした」「ちょっとびっくり」の3つの気持ちかもしれません。まわりの日本人がどんなときにどんな「短い表現」を使うかを観察してみると面白いですよ。

PART 7 アルバイト

目標 コンビニのアルバイトで、接客に必要な表現をおぼえる

・アルバイトに応募するときの方法と表現をおぼえよう。
・レジで、いろんなお客さんに対応する表現をおぼえよう。
・店長とシフトについて話すときの表現をおぼえよう。

会話　シーン❶　アルバイトを始める

登場人物：ベトナムからの留学生・グエンさん(グエン)、コンビニの店員(店員)、コンビニの店長(店長)、コンビニの日本人アルバイト店員・田中さん(田中)、コンビニのベトナム人アルバイト店員・ファムさん(ファム)

1 アルバイトに応募する

> アルバイト募集　時間：16～20時　時給870円

店員：いらっしゃいませ。

グエン：すみません、表にはってあるアルバイトの募集を見ました。私も働けますか？

店員：ええと、ちょっと待ってくださいね。店長、呼んできます。

(店長　登場する)

店長：はい、お待たせしました。アルバイトしたいんだって？①

グエン：はい。お願いします。

店長：国はどこ？　日本語学校の学生さん？

グエン：ベトナムから来ました。中野にある日本語学校に通っています。

店長：家はどこ？　この近所かな？

グエン：家は葛飾柴又です。ホームステイしています。

店長：そう。ホームステイしてるんだ。じゃ、あらためて面接をしたいので、履歴書を用意して持ってきてくれる？　履歴書が書けたら面接の日を決めるので、店に電話してください。

グエン：わかりました。よろしくお願いします。

2 電話でアルバイトの面接予約

店長：はい、エイトテン・東松川店です。

グエン：もしもし、私はグエンです。アルバイトの応募のことでお電話しました。このあいだは、ありがとうございました。今日は履歴書が書けたので、面接のことでお電話しました。

店長：ああ、このあいだの学生さん？　履歴書、書けたのね。

グエン：はい。えーと、面接には、いつうかがえばよろしいでしょうか。

店長：ちょっと予定を確認しますね……、ええと、そうしたら、火曜日か木曜日の午後、時間は3時から5時のあいだではどうですか？

グエン：はい、火曜日なら大丈夫です。時間は3時半ではいかがでしょうか？

店長：大丈夫ですよ。じゃ、火曜日の3時半ね。お店に来てください。そのときに、パスポートと在留カード、学生証を持ってきてください。

グエン：わかりました。よろしくお願いします。

3 アルバイトの面接

店長：じゃ、面接を始めます。まず、自己紹介をお願いします。

グエン：はい。私はグエンと申します。ベトナムからまいりました。いま、中野にあるイモト日本語学校で、日本語を勉強しています。

店長：なんで、うちのコンビニでアルバイトしたいと思ったのか、理由を聞かせてください。

グエン：はい。私はいま、日本語学校で勉強していますが、学費を払うために、お金を貯めなくてはなりません。これが1つの理由です。もう1つは、私は日本語の会話が、もっとうまくなりたいからです。コンビニはたくさんのお客さんと話すことができます。私は国では洋服を売る店の店員をしていました。お客さんと話すのは好きですし、得意だと思います。だから、このコンビニで働きたいと思いました。

店長：店員をしていた経験があるんですね。わかりました。このコンビニは、グエンさんのほかにも、外国人学生のアルバイトがたくさんいますよ。

日本人の学生もいるので、楽しく働けると思います。会話力は少し足りないかもしれないですが、だんだん仕事に慣れれば、使う言葉もわかるようになるでしょう。じゃ、来週からシフト、入ってもらえるかな？

グエン：ありがとうございます。はい、来週から大丈夫です。

店長：じゃ、よろしくお願いしますね。

グエン：はい、こちらこそ、よろしくお願いします。

4 アルバイト初日

店長：今日からアルバイトに入ったグエンさんです。

グエン：グエンと申します。よろしくお願いします。

田中：私は田中です。よろしく。

グエン：よろしくお願いします。

ファム：私はファムです。私もベトナムから来ました。よろしくお願いします。

店長：⑦田中さんは、ここでアルバイトを始めてもう2年になるかな。ファムさんも来月で1年になるね。

田中：はい。わからないことがあったら、遠慮なく聞いてくださいね。

グエン：ありがとうございます。

ファム：ベトナム人の学生は、私のほかにもいますよ。今度、紹介しますね。

グエン：はい、よろしくお願いします。

column　コンビニで買えるものの名前

このパート7ではコンビニエンスストアでのアルバイトを取り上げました。その中にも出てきたコンビニで売っているもの、特に食べ物について見てみましょう。「サンドイッチ」「おにぎり」「おでん」「揚げ物」などは食べたことはあるでしょう。でも「おにぎり」にも「シャケ（鮭）」「たらこ」「梅干し」「おかか（かつおぶし）」などのおなじみのものもあれば「海老マヨネーズ」「シュウマイ」「イベリコ豚」など意外な組み合わせがあって「おお、それをおにぎりに入れるか！」とびっくりします。コンビニに売っている食品からも多くの日本語を学ぶことができそうですよ。

文法・表現

❶ お待たせしました。

○相手を待たせたことをていねいに謝る表現。

> **ていねい** お待たせしました／お待たせいたしました

> 例 すみません、お待たせしました。
> 申し訳ありません、お待たせいたしました。

❷ アルバイトの応募のことでお電話しました。

○「〜のことでお電話しました」は、電話をかけたときに、自分が何のことで電話したのか、説明する表現。「〜のことで」は「〜の件で」ということもある。

> 例 奨学金の応募のことでお電話しました。
> 携帯電話の修理の件でお電話しました。

また、電話でなくても、次のように使うこともある。

> 例 入学試験のことで、まいりました。
> 在留資格のことで、お聞きしたいのですが……。

❸ 面接には、いつうかがえばよろしいでしょうか?

○「〜は、いつうかがえばよろしいでしょうか」は、自分がいつ行けばよいか、相手にていねいに聞く表現。そのほか、相手の都合をていねいに聞く表現として、「〜は、いつがよろしいでしょうか」という言い方もある。

> **ていねい** 〜は、いつがよろしいでしょうか／〜は、いつがよろしいですか

> 例 部長、次の会議は、いつがよろしいでしょうか?
> 次の予約は、いつがよろしいですか?

> **友だち** 〜は、いつがいい?

> 例 ミーティングは、いつがいい?

④ 時間は3時半ではいかがでしょうか？

○「～ではいかがでしょうか」は、自分の考えを相手にていねいに提案する表現。

> **ていねい** 　～ではいかがでしょうか／～ではどうでしょうか

> 例 場所は、新宿ではどうでしょうか？
> 　　来週の火曜日の午後5時からではいかがでしょうか？

> **友だち** 　～で（は）どう？

> 例 待ち合わせ場所は、駅前のカフェでどう？

⑤ 私はグエンと申します。ベトナムからまいりました。

○ていねいに自分の名前と出身国（地域・都市）を言う表現。（→13ページ）

> 例 私はファム・ゴック・アンと申します。ベトナムのハノイからまいりました。

⑥ 学費を払うために、お金を貯めなくてはなりません。

○「目的」と、そのためにしなければならないことを伝える表現。

> 例 進学するために、もっと日本語が上手にならなくてはなりません。
> 　　日本で就職するために、もっと日本の企業文化を知らなくてはなりません。

⑦ 田中さんは、ここでアルバイトを始めてもう2年になるかな。

○「もう～になります」は、あることをしてから現在までの時間の長さを伝える表現。いつの間にか、長い時間が過ぎたということを言いたいときに使われる。

> 例 日本に来て、もう8年になります。
> 　　この仕事を始めて、もう10年になります。

※まだ時間が短いという気持ちがある場合は、「まだ～です」を使う。

> 例 日本に来て、まだ3カ月です。
> 　　いまの会社で働きはじめて、まだ2年です。

練習問題 EXERCISES

➡解答 154 ページ

1 コンビニの店長が、留学生の面接をしています。（　）に入れるのにもっともよいものを下から選び、会話を完成させましょう。

店長：では、面接を始めます。まず、自己紹介を（　1　）。

サビト：はい。私はサビト（　2　）。ミャンマーからまいりました。いま、中野にあるイモト日本語学校で日本語の勉強をしています。

店長：どうして、うちのコンビニでアルバイトしたいと思ったのですか。

サビト：はい。日本語学校の学費は国の両親が払っていますが、生活費は自分でなんとかしたい（　3　）。ですから、こちらのコンビニで働きたいと考えています。

店長：（　4　）。このコンビニは、外国人学生のアルバイトがたくさんいますよ。いっしょにがんばりましょう。

　　a. と申します　**b.** わかりました　**c.** お願いします　**d.** と思います

2 下線部が正しい文になるように、1～4を並べましょう。

1）店長：（電話で面接の日を相談している）面接の日と時間ですが、8 日の午後 3 時から 5 時のあいだではどうですか。

ズオン：はい、大丈夫です。

　　時間は ＿＿＿＿ ＿＿＿＿ ＿＿＿＿ ＿＿＿＿ 。

　　　　1 いかが　**2** 3時半　**3** ですか　**4** では

店長：いいですよ。じゃあ、3 時半に来てください。

2）（日本語はどうですかと聞かれて）

　　まだまだです。

　　＿＿＿＿ ＿＿＿＿ ＿＿＿＿ ＿＿＿＿ なりません。

　　　　1 ために　**2** もっと上手に　**3** ならなくては　**4** 大学へ行く

⑦アルバイト

こんなときどう言いますか。(　　)の表現を使って文を作りましょう。

1）この店でアルバイトを10年もしていることを人に伝える。(もう〜になります)

2）相手のところに、いつ面接に行けばいいかをていねいに聞く。(〜は、よろしいでしょうか)

日本語	中国語	ベトナム語	英語
アルバイト	分別	việc làm thêm	part-time job
応募する	报名／应征	ứng tuyển	apply
時給	计时工资	lương theo giờ	hourly wage
店長	店长	hủ cửa hàng/ quản lý	shop manager
近所	附近	hàng xóm	neighborhood
あらためて	重新／再次	một lần nữa	once again
履歴書	简历	sơ yếu lý lịch	resume
面接	面试	phỏng vấn	interview
(面接)予約	预约（面试）	hẹn (phỏng vấn)	appointment
パスポート	护照	hộ chiếu	passport
在留カード	在留卡	thẻ lưu trú	residence card
学生証	学生证	thẻ sinh viên	student identity card
自己紹介	自我介绍	giới thiệu bản thân	self-introduction
学費	学费	học phí	school fees
お金を貯める	攒钱	tiết kiệm tiền	to save money
店員	店员	nhân viên	clerk
得意	擅长	giỏi/ mạnh/ sở trường	specialty
外国人学生	外国学生	sinh viên nước ngoài	foreign students
都合	方便／合适	sự thuận tiện (về mặt thời gian)	availability
待ち合わせ場所	集合地点	nơi hẹn gặp	meeting place
生活費	生活费	phí sinh hoạt	living expenses

会話 | シーン❷　アルバイトのレジで

登場人物：ベトナムからの留学生・グエンさん(グエン)、アルバイトの日本人店員・田中さん(田中)、アルバイトのベトナム人店員・ファムさん(ファム)、お客さん(客)

1　公共料金を支払うお客さんへの対応

田中：次の方、どうぞ。
客：すみません、電気料金の支払い、お願いできますか？
田中：かしこまりました。……1件ですね。5,240円です。現金でよろしいですか？
客：はい、現金で。(6,000円出す)
田中：6,000円お預かりします。(支払書に判を押して切り取る)
　　　こちら、領収書と、おつり760円になります。ご確認ください。
客：ありがとう。

2　お弁当を買った人への対応

ファム：次でお待ちの方、どうぞ。
　　　　お待たせしました。お弁当は温めますか？
客：はい、お願いします。
ファム：承知しました。少々、お待ちください。

(レンジに入れる。ピーという音)

ファム：お箸はお付けしますか？
客：いえ、結構です。
ファム：牛乳は袋をお分けしますか？
客：いっしょでいいですよ。
ファム：かしこまりました。お待たせしました。またどうぞ。

3 宅配便を送る人への対応

グエン：いらっしゃいませ。
客：宅配便、送りたいんですが。
グエン：かしこまりました。送り状のご記入はお済みですか？
客：いや、まだです。着払い用のを、もらえますか？
グエン：はい、こちらにご記入お願いします。
客：あ、ペン貸してくれますか？
グエン：はい、どうぞ。お荷物の大きさ、測りますね。

（その間に、客が伝票に記入）

客：はい。（伝票を渡す）
グエン：お荷物にお貼りしてよろしいですか？
客：お願いします。
グエン：お荷物の中身は？
客：食品です。
グエン：クール便などにしなくて、普通で構いませんか？
客：はい、普通便で結構です。

グエン：（受付の日付などを記入する）
　　　　はい、こちらお控えになります。
客：はい。ありがとう。

4 アルバイトを終える、シフト交代をお願いされる

グエン：店長、おつかれさまです。今日は、これで上がります。
店長：おつかれさま。あ、そうだ、来週の月曜なんだけど、シンさんが試験で来られなくなっちゃったんだ。代わりに入れない？
グエン：時間は何時からですか？
店長：10時から14時。ちょうど昼時で忙しい時間帯だから、来てもらえ

ると助かるんだけど……。
グエン：わかりました。大丈夫です。
店長：悪いね。助かるよ。

文法・表現 ● 接客で使うことば

❶ 次の方、どうぞ。／次でお待ちの方、どうぞ。

○店員が、順番を待っていたお客さんを呼ぶときに使う表現。

例 お次の方、どうぞ。

❷ 現金でよろしいですか？

○お客さんに、現金で支払うのかどうか、確認する表現。「現金でのお支払いでよろしいですか」を少し省略した言い方。

❸ お待たせしました。

○並んで待っていたお客さんに最初にかけることば。

ほかの言い方 お待たせして申し訳ありませんでした。／大変お待たせしました。／お待たせいたしました。 など

❹ 承知しました。／かしこまりました。

○相手の言ったことを「わかりました」と、受けることば。お客さんのほか、目上の人や取引先の人などに対しても使う、とてもていねいな言い方。

ほかのていねいな言い方 承知いたしました。 など

❺ いらっしゃいませ。

○店に来たお客さんに言うことば。

❻ こちらにご記入、お願いします。

○ 宅配便の送り状など、お客さんに書いてもらうことをお願いする表現。

- **ほかの言い方** こちらに記入、お願いできますか?

❼ おつかれさまです。／おつかれさま。

○ 仕事が終わった後に、いっしょに働いていた人に言う表現。

- **ていねい** おつかれさまです。
- **友だち** おつかれさま。／おつかれ。

❽ 来てもらえると助かるんだけど……。

○ 目下の相手や比較的親しい人に、何かをお願いする表現。「〜てもらえると〜だけど……。」と、最後まで文を言わないことが多い。

- **ほかの言い方** 〜てもらえるとありがたいんだけど……。／〜てもらえるとうれしいんだけど……。

- **例** あした、家に来てもらえるとありがたいんだけど……。
  来週、バイトのシフト、代わってもらえるとうれしいんだけど……。

- **ていねい** 〜ですが……。

- **例** 次の月曜日、代わってもらえるとありがたいんですが……。

練習問題 EXERCISES

➜解答 154 ページ

1

コンビニで、店員と客が話しています。（　）に入れる表現にもっともよいものを下から選び、会話を完成させましょう。

店員：次でお待ちの方、（ 1 ）へどうぞ。
客：すみません、宅配便を送りたいんですが……。
店員：（ 2 ）。送り状はありますか？
客：はい。
店員：では、サイズを測りますね。お届けは 11 月 10 日、お時間のご希望はありますか。
客：午前中にしてください。
店員：承知しました。11 月 10 日、午前中ですね。650 円になります。
客：(650 円を渡す)
店員：はい、ちょうど（ 3 ）します。こちら（ 4 ）と領収書になります。
客：はい。じゃ、よろしくお願いします。
店員：ありがとうございました。

　　　　a. お預かり　b. こちら　c. かしこまりました　d. お控え

2

下線部が正しい文になるように、1〜4 を並べましょう。

1）店長：トアイくん、おつかれ。もう時間だろ。上がっていいよ。
　トアイ：はい。おつかれさまです。店長、実は、来週の月曜、大事な試験があるんです。だれかに ＿＿＿＿ ＿＿＿＿ ＿＿＿＿ ＿＿＿＿ んですが……。
　店長：そっか。じゃ、ほかの人に聞いてみるよ。試験がんばってね。
　トアイ：はい、ありがとうございます。

　　　　1 もらえると　2 代わって　3 シフトを　4 ありがたい

2）（店員が客に）

ハムカツ_____ _____ _____ _____ しますか？

　　　　　　　　1 ソース　　2 は　　3 に　　4 お付け

3 こんなときどう言いますか。（　）の表現を使って文を作りましょう。

1）お客さんに、宅配便の伝票を書いてもらう（ご記入、お願いします／お願いできますか）

2）学校の友だちに、発表の順番を代わってほしいとお願いする（〜てもらえると……だけど……）

大切なことば

日本語	中国語	ベトナム語	英語
コンビニ（エンスストア）	便利店	cửa hàng tiện lợi	convenience store
公共料金	公用事业费	chi phí sinh hoạt	utility charges
ガス料金	燃气费	tiền xăng	gas charge
電気料金	电费	tiền điện	electricity charge
電話料金	电话费	cước điện thoại	phone charge
領収書	发票	biên lai/ hóa đơn	receipt
お弁当	盒饭　便当	cơm hộp	box lunch
サンドイッチ	三明治	bánh sandwich	sandwich
おにぎり	饭团	cơm nắm	rice ball
ホットドッグ	热狗	xúc xích	hot dog
唐揚げ	炸鸡块	gà rán	fried chicken
おでん	关东煮	món oden	oden
お箸	筷子	đũa	chopsticks
スプーン	勺子	cái muỗng	spoon
宅配便	快递	dịch vụ giao hàng tận nhà	door-to-door delivery service
クール便	冷运	dịch vụ chuyển hàng đông lạnh	refrigerated courier service
着払い	运费到付	người nhận trả phí vận chuyển	shipping paid on delivery
元払い	运费预付	người gửi trả phí vận chuyển	shipping prepaid
伝票	凭单	phiếu thu	voucher / slip
（お）控え	收据	biên nhận	customer's copy

column 「いいです」の2つの意味

　コンビニのレジで働いている外国人スタッフを見ると、いつも「おつかれさま！いろいろな仕事をしなければならないので大変ですよね。がんばってください」と、心の中で、声をかけています。
　コンビニエンスストアでアルバイトをはじめたばかりの外国人が困るのが、日本語の「いいです」ということばだそうです。「レジ袋はどうなさいますか」という質問に「お願いします」と答えてくれれば「いるんだな」、「カバンにいれます」と答えてくれれば「不要なんだな」と、すぐにわかります。しかし「いいです」と言われると「必要なのか、必要でないのかがわからない」そうです。みなさんにはそんな経験はありますか。

PART 8 プライベートライフ

目標 プライベートライフを楽しむための表現をおぼえる

- 美容院に予約をして、美容師さんに髪型の希望を伝える表現をおぼえよう。
- 靴屋や洋服屋に行って、自分のほしいものを買うために必要な表現をおぼえよう。
- アルバイト先の人と飲み会に行って、注文したり会話をしたりする表現をおぼえよう。

会話　シーン❶　美容院で

登場人物：留学生のグエンさん（グエン）、ホストマザー（もも）、美容師（美容師）

1 美容院に予約の電話をする

グエン：お母さん、すみません、髪の毛が伸びてきたので、切りたいんですが……。

もも：そうね。ちょっと伸びたわね。じゃ、私がいつも行ってる美容院でいいかしら。

グエン：はい。

もも：予約がいるから、自分で電話してみる？

グエン：はい。やってみます。

〉〉〉〉〉〉

美容師：はい、美容院エムズです。

グエン：もしもし、あのう、髪の毛を切ってほしいのですが、<u>予約はできますか？</u>①

美容師：ええ、できますよ。初めての方ですか？

グエン：はい。

美容師：髪の毛はカットだけでよろしいですか？

グエン：はい。

美容師：日にちとお時間は？

グエン：今日これから3時ぐらいはどうでしょうか？

美容師：大丈夫ですよ。では、お名前と、念のため、お電話番号をお願いします。

グエン：はい。グエンと申します。電話番号は 000-1234-5678 です。

美容師：かしこまりました。では、お待ちしております。

2 美容院で美容師さんと話す

美容師：いらっしゃいませ。

グエン：あのう、予約したグエンと申します。

美容師：グエンさんですね。お待ちしておりました。では、お荷物と上着をお預かりします。

グエン：はい。ありがとうございます。

美容師：今日はカットでしたね。まずシャンプーをしますので、こちらにどうぞ。

グエン：はい。

美容師：では、背中を倒します。……苦しくないですか？

グエン：はい、大丈夫です。

美容師：お湯加減、熱くないですか？

グエン：ちょっと熱いです……。

美容師：流したりないところはございませんか？

グエン：はい、大丈夫です。

美容師：はい、おつかれさまでした。では、こちらにどうぞ。

>>>>>>

美容師：長さはどのぐらいにしましょうか？

グエン：耳は出るぐらいで、前髪は横に流してください。

美容師：後ろはどうしましょうか？

グエン：えりにかからないぐらいでお願いします。

美容師：承知しました。

>>>>>>

美容師：いかがでしょうか？（鏡で見せる）
グエン：はい、いいと思います。ありがとう。
美容師：ありがとうございました。

文法・表現

❶ 予約はできますか？

○ 予約することができるかどうか、確認する表現。「〜はできますか」は、自分がしたいことが可能かどうか、確認するときも使う。

> 例 （図書館で）この本、借りることはできますか？
> （カフェで、コーヒーをもう一杯飲みたいとき）コーヒー、おかわりはできますか？
> （洋服屋で気に入った服のサイズがなかったとき）取り寄せはできますか？

❷ 念のため、お電話番号をお願いします。

○「念のため」は、誤りがないように相手に確認したり相手の情報を求めるときに、前置きの言葉として使う表現。

> 例 念のため、ご住所をくりかえさせていただきます。
> 念のため、携帯電話の番号をお聞きしてもいいですか？

❸ あのう、予約したグエンと申します。

○ 予約した店に行き、店の人に名前と予約したことを伝える表現。「あのう」は、要件を言う前につける、軽い呼びかけのことば。いきなり要件を言うと、相手が驚いたり、聞き取れなかったりすることもあるので、注意を引くために言う。

> 例 （カフェで、注文をしたい）あのう、注文をお願いしたいんですが……。
> （お店で、たまごの売り場がわからない）あのう、たまごの売り場はどこですか？

※「あのう」のかわりに「すみません」もよく使われる。

❹ 流したりないところはございませんか？

○「〜（動詞ます形）＋たりない」は「十分、〜ない」という意味を表す表現。

> 例 広い遊園地だったので1日では遊びたりなかった。
> 飲みたりないんだったら、もう一軒寄ってく？

❺ 長さはどのぐらいにしましょうか？

○相手の希望を聞く表現。

> 例 （ラーメン屋さんで）麺の固さはどうしましょうか？
> （カレー屋さんで）辛さは「激辛・大辛・中辛・小辛」のどれにしましょうか？

❻ 耳は出るぐらいで、前髪は横に流してください。／えりにかからないぐらいでお願いします。

○髪の毛の切り方について、希望を伝える表現。

> 例 前髪は眉が隠れるぐらいでお願いします。
> 髪の長さは肩と同じぐらいにしてください。
> （気に入ったヘアスタイルの写真を見せながら）これと同じようにしてください。

🌳 column　美容院でおぼえておくと便利な表現

美容院で、美容師さんにしてほしいことを伝えるときは、「〜（を）お願いします」という表現が便利です。「〜」の部分にしてほしいことを入れます。

● ストレートパーマをお願いします。／パーマをお願いします。
くせのある毛をまっすぐに伸ばすのが「ストレートパーマ」です。逆に「パーマ」は髪にくせをつけるものです。

● 前髪のカットをお願いします。
「カット」は切ること。切ってほしい場所を言います。
> 例 眉毛のカット

● カラーリングをお願いします。
「カラーリング」は髪の色を染めること。

練習問題　EXERCISES　➡解答 155 ページ

1 美容院で、美容師と客が話しています。（　　）に入れるのにもっともよいものを下から選び、会話を完成させましょう。

美容師：いらっしゃいませ。
客：昨日、（　1　）アンなんですが……。
美容師：アンさんですね。（　2　）おりました。こちらでお荷物とコートをお預かりします。
客：はい。
美容師：今日はカットとパーマで（　3　）でしょうか？
客：はい。
美容師：では（　4　）をしますので、こちらにどうぞ。

　　　　a. シャンプー　　b. よろしい　　c. 予約した　　d. お待ちして

2 下線部が正しい文になるように、1〜4を並べましょう。

店の人：お客さま、＿＿＿＿ ＿＿＿＿ ＿＿＿＿ ＿＿＿＿か？

　　　　1 ところは　　2 ございません　　3 たりない　　4 流し

2）（カレー屋さんで、店員が客に）
お客さん、＿＿＿＿ ＿＿＿＿ ＿＿＿＿ ＿＿＿＿か？

　　　　1 は　　2 辛さ　　3 どのように　　4 いたしましょう

3 こんなときどう言いますか。(　)の表現を使って文を作りましょう。

1) 店に電話をして、3月12日の6時に予約ができるかどうか確認する。
（〜できますか／〜はどうでしょう　など）

2) 美容院で、自分のしたい髪型を伝える。（前髪は〜／長さは〜／〜でお願いします　など）

日本語	中国語	ベトナム語	英語
美容院	美容院	thẩm mỹ viện	beauty salon
カット	理发	cắt	cut
念のため	以防万一	để chắc chắn	just in case
シャンプー	洗发水	dầu gội	shampoo
（お）湯加減	水温	điều chỉnh độ nóng của nước	the heat of water
かゆい	痒	ngứa	itchy
前髪	刘海	tóc mái/ tóc trước	bangs
えり（襟）	领子　后脖颈	cổ áo	collar
まゆ（眉）	眉毛	lông mày	eyebrows
パーマ	烫发	uốn	permanent wave

会話 シーン❷ 買い物に行く

登場人物：留学生のグエンさん（グエン）、靴屋の店員（店員）

1 靴を買う

店員：いらっしゃいませ。何かお探しですか？

グエン：はい、就職の面接に行くときにはく靴を探しているんですが……。

店員：そうですか。いくつか人気のあるもの、お持ちしましょうか？

グエン：お願いします。

〉〉〉〉〉〉

店員：こちらはいかがでしょう？ スタンダードなタイプで、どんな場面でもおはきいただけると思います。

グエン：うーん、ちょっと普通すぎる感じがするなあ。

店員：もう少しおしゃれに、個性をアピールしたいという方に人気があるのは、こちらのタイプですね。黒一色ではなくて、ちょっと隠れた部分の色と素材が変わっています。カジュアルな服装に合わせてもいいかと思いますよ。

グエン：いいですね。でも、ちょっと先がとがりすぎているかなあ。つま先のほうがもう少し広めのもので、おしゃれなのはありますか？

店員：そうしましたら、こちらはいかがでしょうか？

グエン：ああ、これ、いいですね。気に入りました。はいてみてもいいですか？

店員：ええ、もちろんです。ええと、サイズはおいくつですか？

グエン：27センチです。

店員：こちらですね。

（はいてみる）

グエン：ああ、少しきついです。もう少し、大きいのはありますか？

店員：はい、27.5センチがありますので、こちらもおはきになってみてく

120

ください。

(はいてみる)

グエン：……うーん、少し大きい気もするけど。

店員：ちょっと失礼します。(指先を押して確認する)。そうですね。そうしましたら、中敷きを入れて少し調節することもできますが……。

グエン：そうですか。お願いします。

(入れて調節する)

店員：こちらでいかがでしょう？　もう一度、おはきになってみてください。

グエン：……あ、大丈夫そうです。ぴったりです。こちらはおいくらですか？

店員：税込みで1万2,080円になります。

グエン：そうですか。では、こちらをください。

店員：ありがとうございます。では、お包みしてまいりますね。

文法・表現

❶ 就職の面接に行くときにはく靴を探しているんですが……。

○店員に、自分が探しているものについて伝える表現。「～ているんですが……。」と、文を最後まで言わなくてもよい。

　例　彼女にあげるプレゼントを探しているんですが……。
　　　あたたかくて軽いセーターを探しているんですが……。

❷ スタンダードなタイプで、どんな場面でもおはきいただけると思いますよ。／カジュアルな服装に合わせてもいいかと思いますよ。

○「～と思います（よ）」は、自分の考えや判断を相手に伝える表現。

　例　このパンツなら、いまお召しのジャケットの下にはいていただけると思います。
　　　この電子辞書なら、初めての方でも簡単にお使いいただけると思います。
　　　スーツの下にシャツの代わりにお召しになってもいいかと思いますよ。

※お召しになる：「着る」をとてもていねいに言う表現。

❸ うーん、ちょっと普通すぎる感じがするなあ。

○ すすめられたものが、あまり好きではないとき、気に入らないときに、やわらかに断わる表現。「うーん、ちょっと……。」だけでもよい。

　例　A：このあいだすすめたゲーム、どうだった？
　　　B：うーん、ちょっと……。

❹ はいてみてもいいですか?

○「〜てみてもいいですか」は、自分のしたいことについて、相手に許可を求める表現。

　例　もう少し考えてみてもいいですか？
　　　私もやってみてもいいですか？

　　友だち　〜みてもいい？

　例　これ、やってみてもいい？

❺ つま先のほうがもう少し広めのもので、おしゃれなのは、ありますか?／もう少し大きいのは、ありますか?

○ ほかのサイズやデザイン、色などがないか、たずねる表現。

　例　もう少し色がうすいのは、ありますか？
　　　もう少し小さいサイズのは、ありますか？
　　　もう少しウエストが大きいのは、ありますか？

練習問題 EXERCISES

➡解答 155 ページ

1 店員と客が話しています。(　　)に入れるのにふさわしい表現を選びましょう。

ミキ：カジュアルにも仕事にも着られるスカートを（ 1 ）……。
店員：そうしましたら、こちらの花柄のはいかがでしょうか？
ミキ：うーん、オフィスに着ていくには、ちょっと女性的なデザイン（ 2 ）。
店員：では、こちらの細かいストライプのタイトスカートはいかがでしょうか？
ミキ：ああ、これ、いいですね。でも、ウエスト、はいるかなあ。ちょっと（ 3 ）いいですか？
店員：ええ、もちろんです。試着室にご案内しますね。

〉〉〉〉〉〉

店員：いかがですか？
ミキ：ちょっと小さいみたい。もう少しウエストサイズが（ 4 ）は、ありますか？
店員：かしこまりました。いま、お持ちしますね。
(サイズが大きいのを試着する)
ミキ：あ、これなら大丈夫です。こちらはおいくらですか？

a. 探しているんですが　b. 大きいの　c. すぎるかなあ　d. 試着してみても

2 下線部が正しい文になるように、1〜4を並べましょう。

1) 留学生：このネクタイ、このシャツに合いますか？
　ホストファーザー：うん。その柄なら＿＿＿＿＿＿＿＿＿＿＿＿＿＿＿＿いいと思うよ。

　　　1 シャツ　　2 どんな　　3 合わせても　　4 に

2）（遊園地で友人に）

フン くん、＿＿＿ ＿＿＿ ＿＿＿ ＿＿＿？

　　1 あの乗り物　　**2** 乗ってみても　　**3** に　　**4** いい

3　こんなときどう言いますか。（　）の表現を使って文を作りましょう。

1）店員に、山登りに行くときに着るジャケットを探していることを伝える。
　（〜探しているんですが……）

_____

2）店員に、ジーンズのサイズが合うかどうか、はいて確認したいときく。
　（〜てみてもいいですか）

_____

会話　シーン❸　飲み会に行く

登場人物：留学生のグエンさん(グエン)、コンビニの日本人店員・渡辺さん(渡辺)、居酒屋の店員(店員)

1 居酒屋へ

(アルバイト先のコンビニで)

渡辺：今日は夜、飲み会だね。

グエン：はい、駅前の居酒屋「ニコニコ」でしたね。バイトが終わったら行きます。

渡辺：うん、じゃ、後でね。

2 お店に入って飲み物を注文する

店員：らっしゃいませ〜！

グエン：①「渡辺」で予約、入っていると思うんですが……。

店員：はい、渡辺さんは……。3番のお部屋ですね。ご案内します。こちらへどうぞ！

〉〉〉〉〉〉

グエン：こんばんは！　遅くなりました。

渡辺：おお、グエンさん、おつかれ〜！　こっち、こっち。ここ座って。

グエン：ありがとうございます。

渡辺：何飲む？　ビール？　サワー？　ドリンクメニューはこれね。

グエン：ええと、渡辺さんは何を飲んでるの？

渡辺：私は生ビール。

グエン：じゃ、私も同じのを。

渡辺：わかった。(店員を呼ぶ)すみませーん！

店員：はい。

渡辺：生ビール1つと、あと、私は梅サワー1つ、お願いします。

⑧プライベートライフ

125

店員：生1、梅サワー1ですね。

（飲み物が運ばれてくる）
店員：お待たせしました〜！　生ビールの方。
グエン：はい。
店員：梅サワーの方。
渡辺：はい。

渡辺：じゃ、グエンさんが来たから、もう一度、乾杯しようか。……はい、じゃ、かんぱーい！
みんな：かんぱーい！
渡辺：これ、お通し。グエンさんの分だよ。
グエン：「お通し」って、なんですか？
渡辺：うーん、お店に入って席に着いたら、まず最初に出てくる小さい料理。
グエン：スーパーの試食みたいなものですか？
渡辺：うーん、まあ、そんなものかな。お金取られるんだけどね (笑)。
グエン：へえー。知らなかった。

3 食べ物を注文する

渡辺：食べ物どうする？　なんか、好きなもの、注文しなよ。はい、メニュー。
グエン：ええと、やきとり食べたいです。この盛り合わせ。
渡辺：おいしそうだね。じゃあ2皿、頼もうか。あとは？
グエン：あと、サラダ。この、シーザーサラダがいいな。あとは、チーズの3種盛り。
渡辺：了解。すみませーん！　あ、グエンさん、自分で注文してみる？
グエン：あ、はい。
店員：はい、ご注文、おうかがいします。
グエン：ええと、やきとりの盛り合わせを2皿、シーザーサラダを1つ、チーズの3種盛りを1つ。
渡辺：あ、チーズの3種盛り、もう1皿あってもいいかも。

グエン：あ、じゃあ、チーズの3種盛り、もう1つ。
店員：はい、かしこまりました。

4 割り勘をする

店員：お客さま、そろそろ時間のほうが……。
渡辺：あ、2時間だったね。わかりました。会計、お願いします。
店員：はい。……、こちら、伝票になります。
渡辺：ええと、1万5,620円か。じゃあ、<u>割り勘で1人3,000円ね</u>。足りない分は店長から少し、お金をもらってるからそれで払います。
グエン：1人3,000円ですね。あ、5,000円札しかない。おつりありますか？
渡辺：ええと、ちょっと待ってね。ちょうど払える人、いる？
ミキさん：あ、私ちょうど払える。
渡辺：はい、確かに。じゃ、グエンさん、おつり2,000円ね。
グエン：はい、ありがとう。

文法・表現

1「渡辺」で予約、入っていると思うんですが……。

○ 店の人に、予約している人の名前を伝えて、予約が入っているかどうか、確認する表現。「〜と思うんですが……。」は、自分の知っていることを相手にていねいに、やわらかく伝える表現。「……」の部分には、「確認していただけませんか」といった内容が省略されている。

> **ていねい**　〜と思うんですが……。
>
> 例　以前、メールでお願いしていたと思うんですが……。
>
> **友だち**　〜と思うんだけど……。
>
> 例　この前、頼んどいたと思うんだけど……。

❷「お通し」って、なんですか？

○ わからない言葉の意味を聞く表現。「　　」の部分に、わからなかった言葉を入れて聞けばよい。（→ 61 ページ参照）

　ていねい　～って、なんですか？

　例 「おひや」って、なんですか？

　友だち　～って何？

　例 「割り勘」って何？

❸ やきとりの盛り合わせを 2 皿、シーザーサラダを 1 つ、チーズの 3 種盛りを 1 つ。

○ 注文の言い方。基本は「料理名（ピザ／唐揚げ、など）」を「数（3 つ／ 1 皿／ 2 杯、など）」の形。

❹ 割り勘で 1 人 3,000 円ね。

○ 払う金額を伝える表現。「割り勘」は、合計した金額を人数で割って、その金額を払うこと。

---

column　飲み会のときは瓶ビール？　生ビール？

　日本の飲み会に参加したことはありますか。いまでもコップに瓶ビールを注いで、そのあとの「乾杯！」で飲み会をスタートすることが多いのではないでしょうか。しかし、乾杯のあとがちょっとたいへん。「ビールがなくなったコップに、次にビールを注ぐのはだれか」という問題が生まれるからです。

　乾杯のときは、自分がだれかのコップにビールを注ぎ、そのだれかが自分のコップにビールを注いでくれるというのが普通。でも 2 杯目からはどうする？　自分で自分のコップに注ぐと、お酒にいやしいように思われそうです。かといって、だれかに注いでもらうまで待っているのも、それはそれでいじましい気がします。

　この問題から自由になるために、ジョッキの生ビールを注文するという方法がありますが、私は瓶ビールが好きだから困ります。

練習問題 EXERCISES

➡解答 156 ページ

1 店員と客が話しています。（　）入れるのにもっともよいものを下から選び、会話を完成させましょう。

店員：お客さま、そろそろ時間なんですが……。

客1：（時計を見て）あ、ほんとだ。伝票、お願いします。会計は（ 1 ）でまとめてですよね。

店員：はい、そのようにお願いしております。伝票はこちらです。

客1：ええと、2万400円か。じゃあ、（ 2 ）で……4人だから1人5,100円。できるだけ（ 3 ）のないようにくれるかな。

客2：はい、5,100円（ 4 ）。

客1：おお、ありがとう。

　　　a. 割り勘　　b. おつり　　c. テーブル　　d. ちょうど

2 下線部が正しい文になるように、1〜4を並べましょう。

1) 田中：すみませーん、おひや、1つ、お願いします。

　　グエン：田中さん、_____ _____ _____ _____？

　　田中：ああ、お水のことだよ。

　　　1 なん　　2 ですか　　3 「おひや」　　4 って

2)（店員に）

すみません、「佐藤」で_____、_____ _____ _____……。

　　　1 いると　　2 入って　　3 思うんですが　　4 予約

⑧プライベートライフ

こんなときどう言いますか。（　）の表現を使って文を作りましょう。

1）合計金額 3,000 円で、3 人で割り勘にすることを伝える。

2）居酒屋で、次のものを注文する。生ビール 3 つ、えだまめ 2 皿、やきとりの盛り合わせ 1 皿（お願いします）

---

 column　洋服の模様の言い方

洋服の模様や「がら」を何というのか、紹介します。それぞれ、模様の大きさや線の太さ、色などによって、さまざまな言い方がありますが、ここでは、基本的なものを紹介します。

- **水玉**：丸がたくさん描かれている模様のこと。ドットともいいます。
- **花がら**：花の模様のこと。小さい花が描かれているものは小花模様ということもあります。
- **無地**：模様が何も入っていないこと。
- **チェック**：たてと横の線でできている模様のこと。格子ともいいます。タータンチェック、ギンガムチェックなど、たくさんの種類があります。
- **ストライプ**：たての線の模様のこと。
- **ボーダー**：横の線の模様のこと。
- **ワンポイント**：胸などに、1 つだけ模様や絵が入っていること。

日本語	中国語	ベトナム語	英語
（靴を）はく	穿	mang (giày)	wear
靴	鞋	giày dép	shoes
探す	寻找	tìm kiếm	look for
スタンダード	标准	tiêu chuẩn/ chuẩn	standard
タイプ	型	kiểu	type
（どんな）場面	场合	hoàn cảnh (như thế nào)	scene
個性	个性	cá tính/ tính cách	personality
アピール	呼吁 / 控诉	kiện tụng/ khiếu nại	appeal
隠れる	隐藏	giấu/ nấp	hide
素材	材料 / 素材	chất liệu	material
カジュアル	随便	(cách ăn mặc) bình thường/ đơn giản	casual
服装	服装	quần áo/ trang phục	clothing
合わせる	合对	hợp	fit
先	尖儿	mũi nhọn	tip
とがる	尖	sắc/ nhọn	sharpen
つま先	脚趾	đầu ngón chân	toes
おしゃれな	时髦的	hợp thời trang	stylish
サイズ	尺寸	kích cỡ	size
きつい	紧	chật	tight
中敷き	鞋垫	miếng lót giày	insole
調節する	调整	điều chỉnh	adjust
ぴったり	正合适	vừa vặn	fit perfectly
セーター	毛衣	áo len	sweater
お召しになる	→请穿	mặc (kính ngữ)	wear
ジャケット	夹克	áo khoác	jacket
パンツ（ズボン）	短裤 / 内裤	quần dài	pants / trousers
スカート	裙子	váy	skirt
ウエスト	腰围	eo	waist
試着室	试衣间	phòng thử đồ	fitting room

⑧プライベートライフ

PART 9　病院に行く

目標　病院や薬局で、必要な表現をおぼえよう

・病院の受付で必要な表現をおぼえる。
・医者に症状を伝える表現をおぼえる。
・薬局で、薬をもらうための表現をおぼえる。

会話　シーン❶　具合が悪くなった！

登場人物：留学生のグエン（グエン）、ホストマザー（もも）、病院の受付の人（受付）、医者（医者）

1　インフルエンザかもしれない

グエン：お母さん、体温計はありますか？
もも：え、あれ、顔がずいぶん赤いわね。熱があるの？
グエン：はい、①寒気がして頭も痛いです。
もも：はい、体温計。
グエン：ありがとうございます。

（体温を測る。ピピッという音）

グエン：38度5分です。
もも：ああ、結構ありますね。インフルエンザかもしれないわね。今日は、授業とバイト、あるの？
グエン：はい。でも、もしインフルエンザだと、まわりの人にうつしてしまうので、今日は休んで病院に行きます。
もも：そうしたほうがいいわね。

2　病院に行く

（受付で）
グエン：すみません、①寒気がして頭も痛いんですが……。
受付：そうですか。熱はありますか？

132

グエン：はい、さっき、うちで測ったときは 38 度 5 分ありました。①

受付：そうですか。では、念のため、もう一度熱を測ってください。体温計をお渡しするので、そちらに座って測ってみてください。

グエン：はい。

(体温を測ると 38 度 8 分に上がっている)

受付：結構、お熱、ありますね。こちらは初めての受診ですか？

グエン：はい。

受付：では、お熱があるところ、申し訳ないですが、こちらの問診票に、わかる範囲で結構ですので、ご記入ください。②書けたら声をかけてくださいね。

(問診票に記入する)

グエン：はい、書けました。

受付：ありがとうございます。では、お名前をお呼びするまで、待合室でお待ちください。

3 医者と話す

受付：グエンさん、3 番の診察室へどうぞ。

グエン：はい。

医者：こんにちは。今日はどうされましたか？③ 熱が結構あるみたいですね。

グエン：はい、昨日の夜から寒気がして、朝起きたら頭と関節が痛くて仕方ないんです。熱を測ったらとても高かったので、インフルエンザかと思って……。

医者：そうですか。いま、インフルエンザ、はやっていますからね。では、インフルエンザの検査をしましょう。ちょっと鼻の奥に棒を入れますね。少し痛いですが、我慢してくださいね。

グエン：はい…、ううっ……。

医者：はい、終わりましたよ。結果が出るまで 15 分ぐらいかかるので、待合室で待っていてくださいね。

⑨病院に行く

(15分後)

受付：グエンさん、3番の診察室へどうぞ。

グエン：はい。

医者：検査の結果、陽性でした。インフルエンザですね。お薬を出しますので、それを飲んでください。5日間は学校や会社、アルバイトなどは休むように。薬は熱が下がっても、途中で飲むのをやめないで、出した分は全部飲みきってください。あたたかくしてゆっくり休むのが一番ですよ。

グエン：わかりました。ありがとうございました。

医者：はい、お大事に。

文法・表現

❶ 寒気がして頭も痛いです。／（熱は）38度5分ありました。

○ 病気の症状を伝える表現。いつからその症状が出たのか、痛い場所はどこか、どんな痛みや状態なのかなどを説明する。

> 例 吐き気がして、何も食べられません。
> 昨日の夜から、痛みがひどくて、眠れません。
> のどが痛くて、鼻水が出ます。
> くしゃみが出て、目がかゆくて仕方ありません。

※「〜て仕方ありません」「〜て仕方ない」は、「我慢できないほど〜である」という意味。

❷ こちらの問診票に、わかる範囲で結構ですので、ご記入ください。

○「ご記入ください」は、「書いてください」という意味。「問診票」は、初めて行った病院で、診察を受ける前に書くもの。痛みの状態や症状、これまでにかかったことのある病気などについて記入する。

❸ 今日はどうされましたか？

○ 医者が患者に症状を聞く、決まった表現。

「今日はどうしましたか？」と聞くこともある。
※熱があるかどうかを聞くときは、「熱はありますか」「熱はどれくらい？」などの表現がある。

❹ 検査の結果、陽性でした。

○ 検査の結果を伝える表現。「陽性」は、その病気である結果が出たということ。その病気である結果が出ていないときは「陰性」という。

❺ アルバイトなどは休むように。

○「〜ように」は「〜してください」の意味で軽い命令のときに使われる。医者が患者に指示をするとき、親しい関係の人とのあいだなどでよく使われる。

例 今日はあたたかくして、ゆっくり寝るように。
　　薬は全部飲みきるように。
　　（妻が夫に）今晩は早く帰るように。

❻ 出した分は、飲みきってください。

○「〜きる」は、「最後まで〜する」という意味。

例 フルマラソンを走りきった。
　　持っている知識をすべて出しきった。

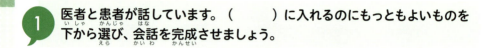

1 医者と患者が話しています。（　）に入れるのにもっともよいものを下から選び、会話を完成させましょう。

医者：こんにちは。今日は（ 1 ）？
患者：はい、昨日の夜から（ 2 ）がして、朝起きたら（ 3 ）が痛くて仕方ないんです。
医者：熱はどうですか？
患者：家で測ったら、（ 4 ）ありました。
医者：そうですか。結構、ありますね。では、インフルエンザの検査をしましょう。

（検査をする）

医者：はい、いいですよ。結果が出たら、またお呼びしますから、待合室でお待ちください。
患者：はい。

　　　a. 吐き気　　b. 頭　　c. 38度3分　　d. どうされましたか

2 下線部が正しい文になるように、1〜4を並べましょう。

1）ティネット：店長、さっきから_____ _____ _____ _____。インフルエンザかもしれません。
　店長：う〜ん。そうか、わかった。帰っていいよ。

　　　1 仕方が　　2 頭が　　3 痛くて　　4 ないんです

2）（地域のゴミの捨て方の注意書き）
　ライターは_____ _____ _____ _____から捨ててください。

　　　1 まで　　2 最後　　3 きって　　4 使い

3 こんなときどう言いますか。（　　）の表現を使って文を作りましょう。

1) 自分の病気の症状を医者に説明する。（〜が痛くて仕方ないんです／熱は〜あります／昨日の夜から　など）

2) 疲れているように見える親しい友だちに、早く帰って早く寝るように言う。（〜ように）

---

column　その歯、抜きますか？　抜きませんか？

「インフォームドコンセント」というカタカナ言葉をご存知ですか。
　先日、右奥下の歯が痛むので、久しぶりに歯医者さんに行きました。何種類かのマウスピースをつけて私の歯の写真をいろいろな角度から撮影したあと、レントゲンも撮りました。そのあと、小さな会議室のようなところで、先ほど撮った写真をモニターに映しながら、お医者さんが、それらの写真からわかることを教えてくれました。わたしが驚いたのは「わかること」を教えてくれただけでなく「わからない」ことも教えてくれたことです。ふつうはレントゲン写真で「黒い影」があるとそこは「虫歯」だと考えられるので治療します。でもその先生は「黒い影」が本当に「虫歯」かどうかはわからない、というのです。
　結局その日は、「歯のお掃除」をしただけで「じゃ、しばらく左側の歯でかむようにしてください。もし、それで右の歯が痛くなくなったらそれで解決です」ということになりました。
　先生、「患者に十分な知識を与えて、判断させる（＝インフォームドコンセント）」の実例をありがとうございました。

会話　シーン❷　処方箋を持って薬局に行く

登場人物: 留学生のグエン(グエン)、薬局の人(薬)、コンビニの日本人アルバイト店員(田中)、コンビニの店長(店長)

1 処方箋を持って薬局に行く

グエン：すみません、お薬をいただきたいんですが……。

薬：はい、お医者さんで、処方箋はもらいましたか？①

グエン：はい、これです。

薬：はい、あと、今日は保険証とお薬手帳はお持ちですか？①

グエン：はい、保険証はこれです。お薬手帳は持っていません。

薬：わかりました。では、順番にお呼びしますので、おかけになってお待ちください。

(5分後)

薬：グエンさん。

グエン：はい。

薬：では、まず、保険証をお返しいたしますね。それと、これがお薬です。朝昼晩、食事の後、飲んでください。②5日分出ています。途中でお熱が下がっても、全部飲みきるようにしてください。

グエン：はい、わかりました。

薬：では、全部で600円になります。

グエン：はい。(お金を払う)

薬：はい、確かに。お大事に。③

グエン：はい、ありがとうございました。

2 アルバイト先に連絡する

グエン：もしもし、グエンです。店長は今日はいますか？

田中：あれ、グエンさん、声が元気ないね。どうしたの？

グエン：実は、インフルエンザにかかってしまって……。今日、アルバイトだったのですが、お休みしたいので、お電話したんです。

田中：えー、インフルか。大変だね。ちょっと待ってね、店長にかわるね。

店長：もしもし、グエンさん、インフルエンザだって？

グエン：はい、そうなんです。申し訳ないですが、今日はアルバイトはお休みさせてください。1週間は休むように、とお医者さんに言われました。

店長：インフルエンザじゃ、しょうがないな。わかった、1週間、休んでください。治ったらまた、お願いします。

グエン：はい、よろしくお願いします。

店長：お大事にね。

文法・表現

❶ 処方箋はもらいましたか？／今日は保険証とお薬手帳はお持ちですか？

○「処方箋」は、病院からもらう薬の指示を記入した紙。これを持って薬局に行き、薬をもらう。そのほか、薬局の受付では、「保険証」と「お薬手帳」を見せてくださいと言われる。

❷ 朝昼晩、食事の後、飲んでください。

○薬の飲み方を説明する言い方。薬局で薬をもらうとき、どの薬を、いつ、どれぐらいの量を飲んだらいいのか、説明される。

> 例 朝と夜、食後に2錠ずつ、飲んでください。
> 朝食の後、30分以内に、飲んでください。

❸ お大事に。

○病気やけがをしている人に、別れるときに言う、決まった表現。「お大事になさってください」「どうかお大事に」などの言い方もある。

> 例 どうかお身体をお大事に。

お母様に「お大事に」とお伝えください。

❹ 実は、インフルエンザにかかってしまって……。

○「実は、」は、重要なことを言う前に、前置きの言葉としてよく使われる。言いにくいこと、本当の事情などを言うときなどにも使う。文は最後まで言わないことも多い。

> 例　実は、先月、会社を辞めまして……。
> 　　実は、来月、結婚することになりまして……。

❺ 申し訳ないですが、今日はアルバイトはお休みさせてください。

○アルバイトなどを休みたいとお願いする表現。「～させてください」は、相手の許可を得る言い方。ていねいな言い方は、「～させていただきたいんですが……」

> 例　すみませんが、あしたはお休みさせてください。
> 　　申し訳ないですが、来週の金曜日、お休みさせてください。
> 　　すみません、1枚だけ、コピーさせてください。
> 　　申し訳ありませんが、今日はこれで上がらせていただきたいんですが……。

❻ インフルエンザじゃ、しょうがないな。

○「～じゃ、しょうがない」は「～では、仕方がない」という意味。

> 例　電車が遅れたんじゃ、遅刻もしょうがないな。
> 　　こんなに問題がむずかしいんでは、解けなくても仕方ないよ。

練習問題 EXERCISES

➡解答 157 ページ

1 薬局の受付で薬局の人と患者が話しています。（　）に入れるのにもっともよいものを下から選び、会話を完成させましょう。

患者：すみません、お薬をもらいたいんですが……。
薬：病院で、（ 1 ）はもらいましたか。
患者：はい、これです。
薬：はい、それから、今日は（ 2 ）と、お薬手帳は（ 3 ）？
患者：はい。
薬：（ 4 ）。では、順番にお呼びしますので、おかけになってお待ちください。

　　a. お預かりします　　b. 処方箋　　c. 保険証　　d. お持ちですか

2 下線部が正しい文になるように、1〜4を並べましょう。

1）（コンビニで）

ティネット：店長、なんだか熱があるみたいなんです。
今日は、＿＿＿＿ ＿＿＿＿ ＿＿＿＿ ＿＿＿＿が……。
店長：う〜ん。熱があるんじゃ、仕方ないな。お大事に。

　1 早く　　2 いただきたいんです　　3 帰らせて　　4 申し訳ないのですが、

2）（薬局で、薬の飲み方の説明を受けている）

この黄色の薬は朝食＿＿＿＿ ＿＿＿＿ ＿＿＿＿ ＿＿＿＿ください。

　　1 ずつ　　2 2錠　　3 飲んで　　4 の後

(9) 病院に行く

3 こんなときどう言いますか。(　　)の表現を使って文を作りましょう。

1) 友だちに、先週、ガールフレンドにふられ、別れたことを話す。(実は〜)

2) 電車が事故で止まって遅刻してしまった友だちをなぐさめる。(〜じゃ、仕方ない／じゃ、しょうがない)

大切なことば

日本語	中国語	ベトナム語	英語
体温計	体温计	nhiệt kế	clinical thermometer
熱がある	发烧了	bị sốt	have a fever
寒気	寒意	cảm lạnh	chill
体温	体温	nhiệt độ cơ thể	body temperature
～度～分です	～度～分钟	~ độ ~ phút.	~ degrees ~ minutes
インフルエンザ	流感	cúm	influenza
（かぜを）うつす	传染	lây (cảm)	give one's cold to
問診票	问诊表	phiếu điều tra tiền sử bệnh	medical interview sheet
待合室	等候室	phòng đợi	waiting room
診察室	诊室	phòng khám	examination room
関節	关节	khớp xương	joint
熱を測る	量体温	đo nhiệt độ	take a temperature
インフルエンザ検査	流感检查	xét nghiệm cúm	flu test
検査をする	检查/体检	kiểm tra/ xét nghiệm	check / examination
我慢	忍耐	kiềm chế/ chịu đựng	patience
結果が出る	出结果	có kết quả	get the results
陽性	阳性	dương tính	positive
陰性	阴性	âm tính	negative
薬を出す	开药	cho thuốc	give medicine
症状	症状	tình trạng bệnh	symptoms
のど	咽喉	cổ	hroat
鼻水	鼻涕	nước mũi	runny nose
くしゃみ	喷嚏	hắt xì hơi	sneezing
目がかゆい	眼睛发痒	ngứa mắt	itchy eyes
吐き気	恶心	buồn nôn	nausea
処方箋	处方	đơn thuốc	prescription
薬局	药房	nhà thuốc	pharmacy
保険証	保险证	thẻ bảo hiểm	insurance card
（電話を店長に）かわる	让店长接电话	chuyển điện thoại cho chủ cửa hàng	pass the phone to the shop manager
治る	痊愈	khỏi bệnh/ lành bệnh	heal

⑨病院に行く

解答編 ANSWERS

パート1 シーン❶ 014-015

練習問題1

1 **d.** おかえりなさい　2 **b.** こちらが　3 **c.** どうぞよろしく　4 **a.** 来ました

練習問題2

1) はい。私の名前は　2 <u>ホアン</u>　3 <u>と申します。</u>　4 <u>インドネシアから</u>　1 <u>まいりました。</u>

2) それでは、　1 <u>うちの</u>　3 <u>家族を</u>　2 <u>紹介</u>　4 <u>します。</u>

※ 4つの選択肢を並べかえる問題は、選択肢を頭から順番に並べようとするよりも、まず、つなぎやすいものをつなげて、小さいペアをつくるとよいでしょう。1)の問題では、「ホアン」と「と申します」がつながることがわかるでしょう。次に「インドネシアから」と「まいりました」もつながります。そして、「私の名前は」につながるのは「ホアンと申します。」になることがわかります。後ろの2つの下線には、2つ目のペア「インドネシアからまいりました」が入ります。

練習問題3（解答例）

1) ヴァンさん、こちらが友だちのゆりさんです。
　　ゆりさん、こちらが私の友人のヴァンさんです。
2) 私はスミスと申します。イギリスのウェールズからまいりました。
　　私はクマールと申します。ネパールからまいりました。

パート1 シーン❷ 019-020

練習問題1

1 **c.** 安心してください　2 **b.** 心配していました　3 **d.** 気をつけて
4 **a.** わかりました

練習問題2

1) 自分で調べても意味が　4 <u>わからない</u>　1 <u>むずかしい</u>　2 <u>ことばが</u>　3 <u>あれば</u>　教えるよ。

2) トムさん、3 <u>ここが</u>　4 <u>浅草で</u>　1 <u>有名な</u>　2 <u>雷門です</u>　よ。

144

練習問題3（解答例）

1）豚肉入ってるけど、大丈夫？
2）聞きたいことがあれば、教えるよ。
　　私に言えば、なんでも教えるよ。

パート1　シーン❸　023-024

練習問題1

1 **d.** 忘れないでね　　2 **a.** カレンダー　　3 **b.** 確かめるといいですよ
4 **c.** 大丈夫

練習問題2

1）じゃ、タムさんが来るまで　4 仕事の　1 延長を　3 お願い　2 できるかな？
2）12月にJLPTが　2 ある　4 から　1 受験　3 すると　いいですよ。

練習問題3（解答例）

1）何をしたらいい？
　　どこを掃除したらいい？
2）夜11時までに洗たくしてほしいんだけど。

パート1　シーン❹　028-029

練習問題1

1 **b.** 行ってきます　　2 **d.** 行ってらっしゃい　　3 **a.** 飲み会　　4 **c.** 夕食

練習問題2

1）最後まで　1 忘れずに　2 うまく　4 話す　3 ことが　できましたか。
2）この仕事が　3 終わったら　1 どこかに　4 飲みに　2 行こう。

※4つの選択肢の中の「3 ことが」の「こと」の前には「動詞のた形」のほかに、「動詞の辞書形」も入ります。「4 話す」が辞書形ですから、「話すことが」と、つながります。こうすると、最後の「できます」の前に来ることもわかるでしょう。このように、選択肢のなかで、つながりやすいものを先につなげてペアを作ると、並べる順番がわかりやすくなります。「～ことができます」は、自分ができることがいろいろ言える表現です。

練習問題 3（解答例）

1）犬はちょっと……。
2）富士山に登ったことがありますか。
　　（友だちに）富士山に登ったこと、ある？

※したことがあるかどうかを聞くときは「〜たことがあります」の後ろに疑問を表す「か」を付けて「〜たことがありますか」とする。

パート 2　シーン❶　035-036

練習問題 1

1 **d.** 住民登録　　2 **b.** パスポート　　3 **a.** 交付された
4 **c.** 書いてもらってもいいですか

練習問題 2

1）では、私が　<u>2 先生の</u>　<u>4 かわりに</u>　<u>1 お読み</u>　<u>3 しましょう</u>　か？
2）欲しい　<u>2 ものが</u>　<u>4 あれば</u>　<u>1 なんでも</u>　<u>3 買って</u>　あげますよ。

練習問題 3（解答例）

1）スマホのメールアドレス、教えてもらってもいいですか？
　　（友だちに）スマホのメアド、教えてもらってもいい？
2）重そうですね。荷物、持ってあげますよ。
　　大変そうだね。荷物、持ってあげるよ。

※相手のために何かをしたり、手伝ったりするとき、相手が友だちなら「〜てあげます」は使っても大丈夫です。しかし、目上の人や先生などに対して「〜てあげます」を使うことは、とても失礼になるので、使わないほうがいいでしょう。「あげます」は、相手に「いいものをあげますよ」という表現です。親切な気持ちでも、それを相手に押し付ける言い方になります。相手が目上の人の場合、「荷物、お持ちします」と言うのがよいでしょう。

パート 2　シーン❷　040-041

練習問題 1

1 **d.** お待たせしました　　2 **c.** 暗証番号　　3 **b.** これで　　4 **a.** どうぞご利用ください

練習問題 2

1）うん。構わないけど　3 もう少し　4 早く　1 言って　2 もらえる　かな。
2）アインさん、　2 あしたは　4 いい天気に　1 なる　3 そうだ　よ。

練習問題 3（解答例）

1）おいしいラーメン屋さんを教えていただきたいんですが……。
2）自転車、いつでも乗っていいよ。
　　自転車、好きに使っていいよ。

パート 2　シーン❸　044-045

練習問題 1

1 c. です　　2 d. お願いします　　3 b. 気をつけてください　　4 a. 自動券売機

練習問題 2

1）でも　3 同じ　2 失敗は　1 二度としない　4 ように　してください。
2）クオンさん、　1 チュウハイ　4 って　2 なん　3 です　か。

練習問題 3（解答例）

1）先生、「パワハラ」ってなんですか。
　　「パワハラ」？　なんですか？
2）「風呂敷」は物を包むための布です。

パート 3　シーン❶　049-050

練習問題 1

1 b. あのう　　2 d. 申し訳ありません　　3 a. 歩いて行けば　　4 c. 徒歩

※町の中や駅などで、聞きたいことがあって知らない人に話しかけるとき、すぐに聞きたいことを言うのではなく、「あのう、すみません」などの言葉を最初に言うことは大切です。相手も話を聞く準備ができます。「あのう、すみません」のほか、「すみません、ちょっとお聞きしたいんですが」「ええと、すみません」などの言い方もあります。そして、最後は「ありがとうございます」とお礼も忘れずに。

練習問題 2

1）ここから歩いて高村駅まで行けば、2 町田線に　4 乗って　1 大里駅に　3 出られます　よ。
2）会社に遅れる　4 ことを　2 伝えて　1 おいた　3 ほうがいい　よ。

練習問題 3（解答例）

1）もうすぐ電車が動くから、ここにいたほうがいいですよ。
　　（友だちに）もうすぐ電車が動くから、ここにいたほうがいいよ。
2）電車が遅れましたので、アルバイトに遅れます。
　　電車が遅れたので、アルバイトに遅れます。

パート3　シーン❷　053-054

練習問題 1

1 d. 出て　　2 a. 突き当り　　3 b. 入り口　　4 c. 乗って

練習問題 2

1）右に　2 行って　1 突き当たったら　4 左に行って　3 丸の内線　に乗るんですね。
2）事故の　4 影響で　1 ダイヤに大幅な　3 乱れが　2 生じて　おります。

※電車が事故で遅れたり、止まったりしている場合、駅の人が、そのことを日本語で説明することがあります。使われる言葉や表現はむずかしいものが多いですが、決まった言い方のものもあるので、おぼえておくとよいでしょう。

例　電車が遅れているとき：「ダイヤが大幅に乱れております」「途中駅混雑のため、10分程度、遅れております」

　　電車が止まっているとき：「ただいま●●線は、○○駅で起きた人身事故のため、△△駅と□□駅の間で運転を見合わせております」

練習問題 3（解答例）

1）駅の南口に出たら、右に行きます。突き当りを左に曲がって5分ぐらい歩くと、学校に着きます。
　　地下鉄の3Aの出口を出たら左に行きます。2つ目の交差点を反対側に渡り、坂道を上ると、会社のビルがあります。

2）電車が動くまで、待てばよかったかなあ。
　　運転再開まで、待てばよかったかなあ。

パート4　シーン❶　058-059

練習問題1

1 **c.** 研究計画書　　2 **a.** 進学　　3 **b.** 相談してみる　　4 **d.** いい

練習問題2

1）いま、そのための　3 書類を　2 書いて　1 いる　4 ところ　です。
2）ニュンさん、　2 昨日　4 届いた　3 手紙は　1 これ　ですか？

練習問題3（解答例）

1）いま、志望理由書を書いているところなんだ。
　　いま、志望理由書、書いてるとこなんだ。
2）歯医者さんの予約、簡単にネットでできるから、やってみるといいよ。
　　歯医者さん、ネットで予約、簡単に取れるから、やってみるといいよ。

パート4　シーン❷　063-064

練習問題1

1 **c.** どう　　2 **a.** かも　　3 **d.** みて　　4 **b.** いう

練習問題2

1）シラさんと　4 昨日　1 けんか　3 して　2 しまった　んだ。
2）トゥイさん、ごめん、僕、　2 道　4 を　1 間違えた　3 かもしれない。

練習問題3（解答例）

1）何か、質問はありませんか。
　　何か、質問はございませんか。
2）定期を家に忘れてきてしまいました。
　　定期、家に忘れてきちゃった。

※親しい人との間の会話では、言葉を短くした言い方がよく使われます。たとえば、「忘れてきてしまいました」を「忘れてきちゃった」というようになります。そのほかの言い方として、次のようなものがあります。

「〜てしまいましょう」→「〜ちゃおう」

例　この仕事、今日中にやってしまいましょう。→今日中にやっちゃおう。

「〜てしまいたいです」→「〜ちゃいたい」

例　今日中にメールを送ってしまいたいです。→今日中にメール、送っちゃいたい。

パート4　シーン❸　068-069

練習問題1

1　d. 少し　　　2　c. 準備　　　3　a. お願い　　　4　b. できれば

練習問題2

1）実は、日曜日の午後の　2 バイトの　3 シフトの　4 こと　1 なんですが……。

2）ヒエップさん、　3 一人で　2 たいへん　4 だったら　1 手伝おうか　。

練習問題3（解答例）

1）　ていねい　晩ご飯、私が作りましょうか。

　　　友だち　晩ご飯、私が作ろうか。

2）　友だち　お金返すの、もう1週間待ってもらえないかな。

パート5　シーン❶　073-074

練習問題1

1　d. どうなってる　　2　b. いない　　3　a. だった　　4　c. ありません

練習問題2

1）昨日の夜遅くまで、テレビでサッカーを見てたから、

　　今朝、　2 起きられ　4 なくて　1 寝過ごしそうに　3 なっちゃった　よ。

2）あ、いけない！　これ、あしたまでに　4 届く　2 ように　1 出さ　3 なきゃ　！

練習問題3（解答例）

1）帰るとき、鍵を閉めるの、よろしく頼むよ。
　　戸締り、よろしく頼むよ。
2）お風呂、入る？

パート5　シーン❷　078-079

練習問題1

1 **d.** 決まりました　　2 **b.** もらいます　　3 **a.** 問題　　4 **c.** 順調

練習問題2

1）はい、ほぼできているのですが、あともう半日、 4 お時間を　1 いただける　3 と　2 ありがたい　のですが……。
2）作るだけは作ってみたのですが、細かい部分が　3 だいぶ　4 雑に　1 なって　2 しまいました。

練習問題3（解答例）

1）報告書、提出できるとは思います。ただ、とても遅い時間になってしまうと思います。
2）できるだけていねいに作業をしていただけませんか。
　　申し訳ないけれど、できるだけていねいに作業をしてもらえないでしょうか。
　　なるべくていねいに作業をしてくださいませんか。

※ていねいにお願いする言い方は、いろいろあります。最後の部分は3つの言い方を覚えておくといいでしょう。

～ていただけ	ません	（でしょう）	か？
	ない	でしょう	か？
～てもらえ	ません	（でしょう）	か？
	ない	でしょう	か？
～てください	ません	（でしょう）	か？

（　）のついている「（でしょう）」は省略することもできます。「～てもらえますか」「～ていただけますか」という言い方もありますが、命令の印象があります。お願いするときは「～てもらえませんか」「～ていただけませんか」と否定の形を使ったほうが、さらにていねいな印象になります。

パート6　シーン❶　083-084

練習問題1

1 c. お願いします　　2 a. ご自由　　3 d. おつり
4 b. ありがとうございます

練習問題2

1）私は、いつもお昼　4 を　1 学食　3 で　2 食べます。
2）ズンさん、1 ハラール食　4 は　3 あちらの　2 コーナー　にありますよ。

練習問題3（解答例）

1）いっしょにカラオケに行きませんか？
　　友だち　いっしょにカラオケに行かない？
2）宗教上、食べてはいけないものはありますか？
　　友だち　食べてはいけないもの、ある？／食べちゃいけないもの、ある？

※友だちとの会話で使う「食べちゃいけないもの、ある？」の最後の「ある？」のところは、最後の部分を上げるように言います。上げることで、相手に質問していることを示すのです。1）の「いっしょにカラオケに行かない？」も、相手を誘う表現ですが、同じように、文の最後を上げて言います。最後を下げると、気持ちが伝わらないので、注意しましょう。

パート6　シーン❷　088-089

練習問題1

1 d. お願いします　　2 b. お持ちしましょうか　　3 a. すぐに
4 c. かしこまりました

練習問題2

1）じゃあ、1 私　4 も　2 同じのを　3 お願いします。
2）ランチタイムは　1 禁煙　4 になります　3 が　2 よろしいでしょうか。

練習問題3（解答例）

1）友だち　何か、見たい映画、ある？
　　ていねい　何か、見たい映画はありますか？

2）**ていねい** 今日のデザートは何ですか？
　　友だち 今日のデザート、何？

パート6　シーン❸　093-094

練習問題1

1 c. お待たせしました　　2 d. ご注文の　　3 b. お気をつけください
4 a. お召し上がりください

練習問題2

1) すみません、 1 ケーキと　2 紅茶　4 を　3 お願いします 。
2) すみません、 1 アイスクリーム　3 は　2 頼んで　4 いません　よ。

練習問題3（解答例）

1) 少々お待ちください。確認してまいります。
　　申し訳ございませんが、少々お待ちください。
　　恐れ入りますが、少々お待ちください。
2) パスタは頼んでいませんよ。エビドリアを頼んだはずですが……。
　　パスタじゃなくて、エビドリアを頼んだはずなんですが……。

パート6　シーン❹　097-098

練習問題1

1 c. ただいま　　2 a. まとめて　　3 d. 別々に　　4 b. なります

※店員がお客さんに呼ばれて「ただいま、まいります。」と答えています。Part1では、「ただいま」は、家に帰ってきたときのあいさつだと説明されていますが、ここでは、違う意味になります。ここでは「いますぐ」という意味で使っています。

練習問題2

1) ただいま、 2 おつりを　1 お持ち　4 しますので　3 少々　お待ちください。
2) 私のパスタは　2 おいしかった　3 です　1 が　4 ドリア　はどうでしたか？

練習問題3（解答例）

1) すみません、お会計、お願いします。

すみません、お会計、お願いできますか。
2）ごちそうさまでした。とてもおいしかったです。
ごちそうさま。どのお料理も素晴らしかったです。

パート7　シーン❶　105-106

練習問題1

1 **c.** お願いします　　2 **a.** と申します　　3 **d.** と思います
4 **b.** わかりました

練習問題2

1）時間は　2 3時半　4 では　1 いかが　3 ですか。
2）まだまだです。4 大学へ行く　1 ために　2 もっと上手に　3 ならなくては　なりません。

練習問題3（解答例）

1）このお店でアルバイトをして、もう10年になります。
2）面接には、いつ、うかがえばよろしいでしょうか。
　　面接には、何日にうかがえばよろしいでしょうか。

パート7　シーン❷　111-112

練習問題1

1 **b.** こちら　　2 **c.** かしこまりました　　3 **a.** お預かり　　4 **d.** お控え

練習問題2

1）だれかに　3 シフトを　2 代わって　1 もらえると　4 ありがたい　んですが……。
2）ハムカツ　3 に　1 ソース　2 は　4 お付け　しますか？

練習問題3（解答例）

1）こちらにご記入、お願いします。
　　こちらにご記入をお願いできますか。

2）発表の順番、代わってもらえると、ありがたいんだけど……。
　　発表の順番、代わってもらえると、助かるんだけど……。

※「〜んだけど……」は、親しい友だちや目下の相手にお願いするときの表現です。目上の人や、そんなに親しくない人に対しては、練習問題2の1）のように「〜んですが……」を使うとよいでしょう。

パート8　シーン❶　118-119

練習問題1

1 c. 予約した　　2 d. お待ちして　　3 b. よろしい　　4 a. シャンプー

練習問題2

1）お客さま、　4 流し　3 たりない　1 ところは　2 ございません　か？
2）お客さん、　2 辛さ　1 は　3 どのように　4 いたしましょう　か？

※解答の「〜ございませんか」「〜いたしましょうか」は、とてもていねいな言い方です。ここでは、とてもていねいな話し方をする店員さんの例を紹介しましたが、友だちのような話し方をする店員さんもいます。その場合は、「流したりないところ、ない？」「辛さ、どうする？」という話し方になります。

練習問題3（解答例）

1）すみません、3月12日の6時に、予約はできますか。
　　3月の12日に予約したいのですが……。時間は6時ではどうでしょうか。
2）前髪は眉が隠れるぐらいでお願いします。
　　長さは肩の上ぐらいでお願いします。
　　前髪は自然に流れるようにしてください。

パート8　シーン❷　123-124

練習問題1

1 a. 探しているんですが　　2 c. すぎるかなあ　　3 d. 試着してみても
4 b. 大きいの

練習問題 2

1）うん。その柄なら　2 どんな　1 シャツ　4 に　3 合わせても　いいと思うよ。
2）フンくん、1 あの乗り物　3 に　2 乗ってみても　4 いい　？

練習問題 3（解答例）

1）すみません、山登りに行くときに着るジャケットを探しているんですが……。
2）はいてみてもいいですか。
　　試着してみてもいいですか。

パート 8　シーン❸　129-130

練習問題 1

1　c. テーブル　　　2 a. 割り勘　　　3 b. おつり　　　4 d. ちょうど

練習問題 2

1）田中さん、3「おひや」4 って　1 なん　2 ですか？
2）すみません、「佐藤」で　4 予約　2 入って　1 いると　3 思うんですが……。

練習問題 3（解答例）

1）割り勘で1人1,000円ね。
　　割り勘で1人1,000円、お願い。
2）すみません、生ビール3つ、えだまめ2皿、やきとりの盛り合わせ1皿、お願いします。

※日本語は、ものを数えるときの単位がいろいろあります。ビールも、ジョッキなら解答のように「3つ」ですが、びんのビールなら「3本」となります。正しい単位を使ったほうがよいですが、びんのビール「3つ」でも通じます。むずかしいと思ったら、指で数を表すこともできます。無理に使わなくても大丈夫です。

パート 9　シーン❶　136-137

練習問題 1

1 d. どうされましたか　　2 a. 吐き気　　3 b. 頭　　4 c. 38度3分

練習問題 2

1）店長、さっきから <u>2 頭が</u>　<u>3 痛くて</u>　<u>1 仕方が</u>　<u>4 ない</u>んです。インフルエンザかもしれません。

2）ライターは <u>2 最後</u>　<u>1 まで</u>　<u>4 使い</u>　<u>3 きって</u> から捨ててください。

※「使いきる」の「きる」は、もともと「2つに分ける、切断する」という意味です。しかし、前に来る動詞によって、「最後まで〜する」という意味になるものがあります。
「最後まで〜する」という意味のある動詞の例：やりきる、走りきる、出しきる

練習問題 3（解答例）

1）昨日から、だるくて仕方ないんです。
　　昨日の夜から、体の節々が痛くて、寒気がします。
　　熱は、38度4分、あります。
2）早く帰って寝るように。
　　今日は早く家に帰って休むように。

パート9　シーン❷　141-142

練習問題 1

1 **b.** 処方箋　　2 **c.** 保険証　　3 **d.** お持ちですか　　4 **a.** お預かりします

練習問題 2

1）今日は、<u>4 申し訳ないのですが</u>、<u>1 早く</u>　<u>3 帰らせて</u>　<u>2 いただきたいん</u>ですが……。
2）この黄色の薬は朝食　<u>4 の後</u>　<u>2 2錠</u>　<u>1 ずつ</u>　<u>3 飲んで</u>　ください。

練習問題 3（解答例）

1）実は、先週、彼女と別れたんだ。
　　実は、先週、彼女にふられちゃったんだ。
2）電車が止まったんじゃ、仕方ないね。
　　電車が遅れたんじゃ、しょうがないね。

【著者】

青山 豊（あおやま・ゆたか）

大阪外国語大学（現・大阪大学外国語学部）英語学科卒。日本語教育能力検定試験合格。高校英語教師、民間国際交流団体職員、出版社勤務、『新版 日本語教育事典』（大修館書店 2005）編集補佐、日本語教師養成講座担当などを経て、日本語教師に。共著書に『日本留学試験対策 記述問題テーマ100〔改訂版〕』（凡人社 2010）、『日本語能力試験 予想問題集』シリーズ（国書刊行会 2009〜2011）、『オタジャパ！ オタクな例文で覚える 上級表現＆文型』（国書刊行会 2012）。

青山美佳（あおやま・みか）

成城大学文芸学部マスコミュニケーション学科卒。日本語教師養成講座修了後、日本語教育能力検定試験合格。出版社勤務などを経て、フリーランス編集者・ライターに。著書に『KANJI PUZZLES & QUIZZES』（ジャパンタイムズ 2016）、共著書に『日本語能力試験 予想問題集』シリーズ（国書刊行会 2009〜2011）、『マンガで学ぶ日本語表現と日本文化』（アルク 2009）、『オタジャパ！ オタクな例文で覚える 上級表現＆文型』（国書刊行会 2012）。

仕事にすぐ使える日本語表現
しごと　　つか　　にほんごひょうげん

著　者　　青山 豊
　　　　　あおやま　ゆたか
　　　　　青山美佳
　　　　　あおやま　み　か

発行所　　株式会社 二見書房
　　　　　〒101-8405
　　　　　東京都千代田区神田三崎町2-18-11
　　　　　堀内三崎町ビル
　　　　　電話 ◎03(3515)2311 [営業]
　　　　　　　　03(3515)2313 [編集]
　　　　　振替 ◎00170-4-2639

印刷所　　株式会社 堀内印刷所
製本所　　株式会社 村上製本所

ブックデザイン
イラスト　　　河石真由美(有限会社CHIP)
DTP組版・図版　有限会社CHIP

落丁・乱丁本は送料小社負担にてお取替えします。
定価はカバーに表示してあります。

©AOYAMA Yutaka／AOYAMA Mika 2019, Printed in Japan
ISBN978-4-576-19047-1
http://www.futami.co.jp

二　見　書　房　の　本

イラストで解る！
英語で日本の
しきたりと文化を伝える本

荒井弥栄＝著

箸の使い方、日本食の基本、神社の参拝、年中行事などなど。
「おもてなし英会話」の第一人者が
日本のマナーやしきたり、日本文化を英語で紹介

絶　賛　発　売　中　！